船舶的耳目

陈积芳——主编　　钱平雷 等——著

上海科学技术文献出版社
Shanghai Scientific and Technological Literature Press

图书在版编目（CIP）数据

船舶的耳目/钱平雷等著. —上海：上海科学技术文献出版社，2018
（科学发现之旅）
ISBN 978-7-5439-7684-9

Ⅰ.①船… Ⅱ.①钱… Ⅲ.①船舶—普及读物 Ⅳ.①U674-49

中国版本图书馆 CIP 数据核字（2018）第 159538 号

选题策划：张　树
责任编辑：王　珺
助理编辑：尚玉清
封面设计：樱　桃

船舶的耳目
CHUANBO DE ERMU
陈积芳　主编　钱平雷　等著
出版发行：上海科学技术文献出版社
地　　址：上海市长乐路 746 号
邮政编码：200040
经　　销：全国新华书店
印　　刷：常熟市华顺印刷有限公司
开　　本：650×900　1/16
印　　张：14.25
字　　数：136 000
版　　次：2018 年 8 月第 1 版　2018 年 8 月第 1 次印刷
书　　号：ISBN 978-7-5439-7684-9
定　　价：32.00 元
http://www.sstlp.com

《科学发现之旅》丛书编写工作委员会

顾　问：叶叔华
主　任：陈积芳
副主任：杨秉辉
编　委：甘德福　严玲璋　陈皆重　李正兴　张　树　周　戟
　　　　赵君亮　施新泉　施善昌　钱平雷　奚同庚　高海峰
　　　　秦惠婷　黄民生　熊思东

（以姓氏笔画为序）

目录

- 001 | 长三角，一日还
- 006 | "交通工程"造什么
- 012 | 铁路运输组织
- 016 | 电子警察
- 021 | 交通系统中的"慈善事业"
- 024 | 智能交通系统
- 030 | 世界屋脊上的钢铁运输线
- 036 | 不吃草不喝水的"千里马"——电力机车
- 042 | 技术与艺术的结晶——立体交叉
- 048 | 彩虹飞越黄浦江
- 053 | "豆腐里插钢条"——浦江隧道
- 057 | 给外白渡桥"算命"
- 061 | 一根钢轨到南京
- 065 | 洋山港和东海大桥
- 069 | 钢轨的"B超"
- 073 | 旅游交通学
- 077 | 轨道列车的双腿——转向架
- 081 | 地铁内的"巨型空调"
- 085 | "火车跑得快，全靠车头带"
- 089 | "小车轮"倾覆高速列车
- 093 | 穿山入地话盾构
- 097 | 轨道列车前进的动力

- 101 | 地铁列车的指挥系统
- 105 | 长袖善舞也有度——车辆限界
- 111 | 地铁列车的港湾
- 116 | 列车提速
- 120 | 独轨铁路
- 124 | 轨道交通车辆段
- 128 | 摆式列车
- 131 | 穿越隧道的"千里眼"和"顺风耳"
- 136 | 轨道交通的神经网络
- 140 | "中量级"的轨道交通
- 144 | 磁悬浮列车
- 148 | "零高度"飞行的磁悬浮列车
- 152 | 海底高速铁路
- 156 | 地下铁道
- 160 | 高速铁路
- 164 | 无砟轨道
- 170 | 海上铁路
- 174 | 船舶动力
- 179 | 船舶推进记
- 185 | 船舶的耳目
- 190 | 货物运输
- 194 | 水上列车

| 198 | 海上浮动油库
| 202 | 集装箱
| 207 | 两个身体一艘船
| 211 | 胜似闲庭信步
| 215 | 滚上滚下的货船

长三角，一日还

"长三角"即长江三角洲，是指以上海为核心极，以南京、杭州和宁波为边缘极，以苏州、无锡、常州、镇江、扬州、泰州、南通、嘉兴、湖州、绍兴和舟山等城市为重大支持点，而形成的地理经济区域。在国内它与珠江三角洲、京津环渤海区一起被称为三大城市群，在国际上亦被称为"大上海都市圈"，与纽约、芝加哥、伦敦、巴黎和东京一起被列为世界六大城市带。但与另五个中心城市相比，上海在现代化功能的发挥和辐射方面还存在着一定的差距，尤其表现在对外交通系统尚未真正形成规模上。世界的经济发展史已经证明，经济是以动力和材料为基础，以交通为标志，并紧紧依靠大城市作为舞台而发展起来的。以上海为中心的长江三角洲的经济和社会持续发展，给与交通有关的科技和专家提供了巨大的发展空间。

交通专家给我们描绘了这样的"长三角"交通蓝图：以上海—南京、上海—杭州、南京—杭州和杭州—宁波等4条"交通走廊"构成一个三角旗状的"长三角"交通网络的骨架。在"交通走廊"里，有普通铁路、一般等级的公路或国道，更有高速铁路、高速公路、城际轨道交通，甚至还有像磁悬浮列车这样高科技的交通工具。

建立都市圈轨道交通和城际轨道交通网络。以上海为例：由"三圈"组成上海轨道基本网络——上海外环线以内670平方千米内建立密集的轨道网的中心区域圈；在上海市6 300平方千米范围内建立城镇化与放射形快速通道的市域圈；在以距离上海150～200千米为半径的区域内建立向长三角辐射的城际轨道交通通勤圈。同样，苏州、无锡、常州也制订了包括苏、锡、常、沪、宁城市间联系的5条干线；苏州至吴江、张家港，无锡及常州至宜兴等4条市域线以及3个城市内的轨道交通连接线，这三个层次内容构成了"苏锡常都市圈轨道交通规划"。另外，在"长三角"，还要建设诸如海门—崇明—上海的过江线，湖州—嘉兴、杭州—黄山等城际轨道支线，由此编织"长三角"的都市圈轨道交通和城际轨道交通网络。

"长三角"公路交通一体化。上海通往江苏方向的高速公路通道将从4条22根车道增加到6条38根车道；上海通往浙江方向的高速公路通道将从2条12根车道增加到4条22根车道；通往江浙两省的国道、省道也将增加到10条、48条。古时"夜宿苏州，朝至杭州"的苏杭天堂之间要一夜水路的行程，如今只需1个多小时，因为连接苏、杭二地的乍（浦）嘉（兴）苏（州）高速公路已全线贯通。杭州湾跨海大桥和崇明越江通道的建设，成为上海向外辐射的新的南、北大通道。杭州湾跨海大桥北起嘉兴平湖的乍浦，南连宁波慈溪的庵东，全长36千米。它使上海至宁波的公路路程缩短了120多千米，同时形成了沪杭甬2小时交通的"金三角"。

建立"长三角"的综合交通运输体系。除了铁路、公路交通外，"长三角"的航空、航海、港口、内河运输也要进行组合，它们与铁路、公路运输一起组成"长三角"的综合交通运输体系。上海的浦东机场与虹桥机场应长期合作，并与南京、杭州、宁波等城市的机场形成组合体；以大、小洋山为核心，与外高桥港、北仑港、张家港等形成世界一流的集装箱深水港组合体。构筑支持浦东机场的快速通道，就是发挥综合交通运输体系功能的一个范例，它们是：沪崇（明）苏（州）—苏北，沪宁高速公路—南京，沪青（浦）平（望）—湖州、安徽，沪杭高速公路—杭州、南方，杭浦（东）—宁波等5个快速通道。旅客和货物因此能得到迅速集散。

上述交通体系的支持，使"长三角"的城际交通"一日交流圈"成为可能。对于某一中心城市来说，1小时交通圈可称为近郊通勤区；2小时交通圈可称为经济密切区；3小时交通圈可称为经济关联区。"一日交流圈"

内的通勤（上下班，上学）、公务、旅游客流距离一般不超过400千米，一次出行不超过2小时就可到达目的地。以上海为例：从上海出发，3小时以内就可以到达"长三角"的大部分城市。以如此雄厚的交通设施作为后盾，在"长三角"范围内进行旅行，当天就可以往返。我们完全可以自豪地提出这样的口号："长三角，一日还。"

（钱平雷）

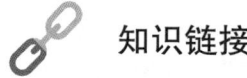

知识链接

地域范围

包括江苏省东南部和上海市、浙江省东北部在内的区域，是长江中下游平原的一部分。面积约5万平方千米。三角洲顶点在镇江市、扬州市一线，北至小洋口。南临杭州湾。海拔多在10米以下，间有低丘（如惠山、天平山、虞山、狼山等）散布，海拔200～300米。长江年均输沙量4～9亿吨，一般年份有28%的泥沙在长江中沉积，个别年份高达78%，三角洲不断向海延伸。长江以南常州市、常熟市、太仓市、金山区一带的古沙嘴海拔多为4～6米，长江以北扬州市、泰州市、泰兴市、如皋市一带的古沙嘴海拔7～8米。江南和江北的古沙嘴是冰后期最高海面稳定后逐渐发展起来的，距今约2000年时北岸沙嘴伸到廖角嘴，南岸沙嘴随长江主流向东南延伸与钱塘江口沙嘴相连，泥沙继续堆积，1958～1973年平均每年前移148米。属北亚热带季风气候，雨量充沛，水道纵横，湖荡棋布，向有水乡泽国之称。土地肥沃，农业产水稻、棉花、小麦、油菜、花生、鱼虾等，是中国人口最稠密的地区之一。在长江下游和沪宁线两旁有许多重要城镇，如上海市、苏州市、常州市、无锡市、镇江市、扬州市、泰州市、南通市及徐州、淮安、盐城、连云港等。其中，上海是中国最大的工商业城市，世界著名的外贸港口，苏州、无锡、常州等是风景游览地和新兴的工业城市。

"交通工程"造什么

当人类学会直立行走时,交通也就产生了——步行走路创造位移。但在漫长的一段时间里,人们只有步行这一种交通方式。

虽然步行交通创造的活动范围十分有限,但步行交通却是最自由最安全的。步行者互相碰撞——交通事故发生的概率几乎为零。同时,人们因为走路堵塞而影响生活的可能性也是微乎其微。

随着马车的出现,人的活动范围一下子扩大了数十倍,专门的道路也随之产生。于是,马车与马车之间的交会、超越行驶等交通现象随之产生,交通行为规则也变得十分必要。由此产生的交叉口的等待与避让,排队与拥堵的现象也越来越困扰着大家的出行。

直至汽车的发明与大量运用,世界进入了"汽车交通"和"综合运输"时代，城市变得越来越大，道路网建得越来越密，人口与车辆数同步"疯长"，道路交通变得越来越复杂，愈发影响城市发展和人民生活。尤其是与日俱增的交通事故和交通拥堵带来的负面影响，让人们在享受现代汽车交通的同时，付出了不小的代价与损耗，增添了不少麻烦与困惑。

于是，社会经济发展与汽车交通最为发达的美国、欧洲各国以及日本等，经过了长期的积累与探索研究，逐步形成了一门专门探究城市道路交通系统发展规律与管理技术的学科——交通工程学。

交通工程学研究的对象是人、车（辆）、（道）路、环境，研究的内容包括交通调查、交通规划、交通设计、交通管理、交通安全、交通政策、交通环境等。研究的目的是探索人、车、路、环境各自的和相互间的内在规律性及其最佳配合协调方式，达到道路交通畅通、通行能力大、交通事故少、污染程度低、运输效率高、资源消耗少、环境协调优化舒适等目标。从事交通工程研究的专业人员被称为"交通工程师"。交通工程不同于一般的生产制造建设等方面的工程，并不生产建设实质性的工程结构物，生产的是一个特殊的、复杂又动态的"系统工程"成果。

交通工程师通过多种交通调查方式，在获取了足够数量且具有交通代表性的数据资料后，就可以对研究范围内的道路交通系统进行现状分析，发现问题，寻找优化解决方案。这是非常实用与重要的工作，通常有赖于

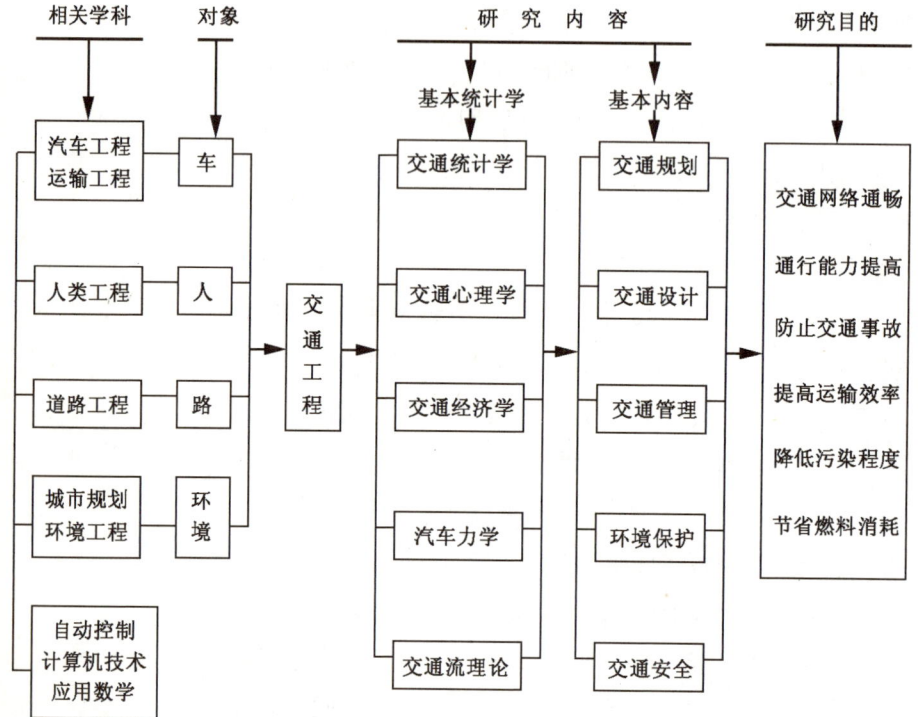

▲ 交通工程学主要研究内容框图

大批调查人员各种方法的大量调查（如全市性的交通调查，调查方法有问卷调查、网上调查、电话调查、上门调查、路面调查等）。这不仅需要调查人员严谨而又辛苦的工作，还有赖于电子计算机应用技术的支持（如构建资料数据库，编制或运用数学分析模型和决策支持软件等）。

然后，交通工程师要做的是运用调查结果，构建各种数学预测模型，编制相应的交通预测软件，对交通出行发生、交通出行分布、交通方式划分、交通分配等进行科学的预测，从而为城市道路交通系统规划奠定基础。这个环节往往是城市交通规划的核心内容，也是交通工程学理论与方法运用的关键之处。交通工程师最后要完成的是城市交通规划的编制与评价、修正。比如，要新建哪些道路和轨道交通线路，要建怎样的交通枢纽等重大交通工程项目的确定；又如要确定城市交通系统服务的相关指标（包括道路网密度、平均车速、通行能力、公共交通的比例、交通事故发生率、交通环境水平等）；还要确定城市交通系统规划实施的投资与效益以及交通影响等。

当然，规划完成并不意味着交通工程师可以高枕无忧，日常交通管理技术的开发应用改进还需要不断地实施。如交叉口红绿灯信号开放时间配置（称为交叉口信时设计），这样具体而细致的技术工作就包含了众多的学问与知识。如单点定时信号信时设计，就必须根据各个交叉口车流通行的特征，做到每个方向车辆在红灯时延迟（即排队等候绿灯）的时间最短，还要兼顾到行人穿越交叉口的安全可靠性；对于随机型自动信号（如交通感应信号）而言，就必须安装即时车辆监测装置（如地面气囊式车辆监测装置、红外线车辆监测装置等），随时提供交通感应信号装置信时配对变化的依据。

类似的日常交通管理工作还有很多，包括道路的改建与拓宽、交通设施更新改造、交通管理技术的优化等，以及交通智能化、信息化的创新应用。

交通工程学是一门新兴的多学科交叉的学科，交通工程师是涉及理科、工科、管理类等多项学科技术的综合型专业人才。

（孙有望）

知识链接

发展史

道路规划和交通管理的概念，古已有之。在2000多年前的周朝时代，已有道路规划，也有交通管理法规，如"男子由右，妇人由左，车从中央"，并种植行道树，作为道路导向的标志。秦朝不仅修筑了通向全国的驰道网，而且统一了全国的车轨距离，使造车和修路有了标准。唐朝建都长安，按棋盘形规划建成城市道路网。

在西方，约公元前400年，古罗马修筑了29条以罗马城为中心，辐射到广大地区的大道。在城市交通方面，采用了单向交通，规定高峰期不准停车在市中心商业大街上，限制一般车辆进城等，可说这是交通控制的萌芽。1868年，英国伦敦威斯敏斯特地区的煤气交通信号灯，可算是近代交通设施的雏形。

20世纪的交通工程以汽车交通为主要对象。为了管理汽车交通，美国1921年就有了交通工程师的岗位。1932年，德国修建了世界上第一条高速公路，并开始研究车辆与道路的关系。30年代，还出现了以概率论研究交通流量和速度关系的数学模型。

20世纪50年代，道路的大量修筑，汽车数量的骤增，促进了交通工程的发展。为了更好地进行交通规划，开始重视与土地使用有关的交通调查工作；在交通流理论方面，在不同设想的基础上，创立了跟随理论、流体力学理论和排队理论。

1965年12月，在美国底特律召开了首次交通流理论国际会议。交通工程工作者及有关学科的学者开始用应用数学、运筹学、控制理论、心理学、经济学研究交通工程，认识到在交通工程中人的因素占重要的地位。

1965年左右，电子计算机开始应用到交通信号的自动控制和交通规划中。今后在改善交通系统的规划，提高交通系统的运行效率，克服交通拥塞、环境污染和能源浪费等方面，计算机将日益发挥其重要作用。

如今，用系统工程改善交通，是交通工程研究的一项新趋势。

铁路运输组织

上海老的火车站被老上海人称为北火车站，旅客在上下火车时，总会看到广场旁边还有一座大厦，大厦的入口处上方有五个金光闪闪的大字——上海铁路局。由于早年的上海北站地区高楼大厦不多，所以这座建筑很容易映入来往人们的眼帘，加上凡是铁路员工都有一定的标志，不是身着铁路的制服，就是胸前佩有一枚既可以看作为蒸汽火车头的图案，又可理解为"人民铁道"内涵的路徽。如同人们去寄信汇款要上邮局的"局"是一个对外窗口一样，人们也把铁路局与自己上下火车的场所——火车站画上了等号。

铁路运输系统是一个复杂的人工系统，铁路运输管理系统则是一项典型的系统工程，铁道科学技术也是跨学科的边缘科学。搞清铁路运输系统的管理结构，理解其中的奥秘，不仅对读者在与铁路部门打交道时增加了便利，而且对多系统、多专业协同作业的科学原理的理解具有积极的意义。

按照中国铁路的运输系统的体制，铁道部下属有若干铁路局，如北京铁路局、上海铁路局、哈尔滨铁路局、成都铁路局等。以上海铁路局为例，下设蚌埠分局、南京分局、上海分局、杭州分局和福州分局等5个分局，管辖包括安徽、江苏、浙江、福建和上海四省一市范围的铁路。分局之间并不完全按照行政省市的划分来确定自己的管辖范围，如江苏地界内的无锡、苏州车站，浙江地界内的嘉善车站就是归上海分局管辖。在分局下面就是铁路运输系统专业分工，所谓机、车、工、电、辆5大子系统的基本管理单位——站、段。机就是机务系统，主要指俗称火车头的机车驾驶和维修部门；车就是车务系统，承担客货的运输和列车的调度工作；工就是工务系统，承担铁路的线路、桥隧、建筑物的养护和维修工作；电是指电务系统，承担铁路通信和信号的养护和维修工作；辆是指车辆系统，承担客车和货车的维修和保养工作。这些子系统的功能具体落实到站和段上面，于是就有了上海站、上海西站、南翔站、杨浦站等，以及上海机务段、上海工务段、上海客运段、上海车辆段等这些铁路运输系统中最最基本的独立单位。从行政隶属关系来说，一名上海站的职工，说他是上海分局的职工或上海铁路局的职工都不能算错但倒过来讲就不行。上海铁路局本部的工作人员，就不能说他是上海站的职工。

上海南站效果图 ▶

铁路运输系统最大的特点就是联动作业，在一起工作的员工不一定是一个单位的同事。以一列旅客列车为例：在前面开火车的司机是机务段的职工，而列车上为旅客直接服务的列车长、列车员是客运段的职工，在上面维护旅客人身安全的乘警是公安部门的员工，拿着小榔头，在列车停站时下车去"叮叮当当"敲打车轮的是车辆段的职工，在列车尾部拿着红绿旗或者信号灯与经过车站联络的运转车长是列车段的职工。他们的共同努力使得旅客能够安全舒适地到达目的地，但他们不属于同一基层单位，他们能够如此默契地配合工作，是因为他们都是根据一本《铁路运输技术管理规程》来规范自己作业的。

根据上述的描述，我们就可以清晰地辨别谁是真正在车站工作的员工。就车站的功能来看：上海站是以客运为主的车站，上海西站是客、货运并重的车站，而南翔站是以列车编组的车站，杨浦站则是单纯的货运车站。

像昆山站、松江站等车站往往是由若干小站组合而成的车务段，是一个独立的基层单位。而像沪宁线上的外跨塘、沪杭线上的新浜等车站则是更小等级的车站，相当于一个车间甚至是一个班组。

由此可见，当你要去外地旅行，车站里的售票员是车站职工，候车室里的检票员是车站职工，站在站台上向火车司机挥旗或举灯的值班员是车站的员工。而其他在车站里为路、灯、地道等设备忙碌的人都不是车站的员工。

上海北站的客运功能迁至新客站后，原来的老北站成为新客站的客技站，就是进行客车车辆检修清洗和装卸列车上各种为旅客服务的物品、燃料以及废物的场所。如果把新客站比喻为饭店的餐厅，那么，客技站就是它的厨房。

（钱平雷）

电子警察

"电子警察"顾名思义并非是活生生的真人警察,而是一种能承担部分交警工作,减轻交警工作负担,扩大交警监控范围,提高交警工作效率,对城市交通管理有极大帮助的电子监控设备。它的全名叫"机动车辆违章自动监测系统"。

"电子警察"最早出现在美国及欧洲国家,在我国是近几年才得到广泛的应用与发展。目前,大中城市的道路系统及高速公路,都安装了数量众多的"电子警察",昼夜不停地监视着那些一看路上没警察就喜欢犯规的交通违章者。

"电子警察"是一项高科技智能化技术的结晶,它的"体内"融合了计算机视觉技术、人工智能技术、模式识别技术、图像处理技术、大型数据库技术、网络通信技术等先进技术，成为拥有"千里眼"——检测单元、"大脑袋"——控制单元，"飞毛腿"——传输单元、"多面手"——拍摄单元的现代"孙悟空"。

当机动车辆进入某位"电子警察"的检测区域——"千里眼"的视觉范围，检测单元（如远红外或雷达等距离、速度、位置等检测方式）自动对该车辆的行驶状况进行检测与判断。如果该车辆已经实施违章行为（如闯红灯、违章超速、违章变道等），检测单元会立即通知"大脑袋"——控制单元，由这个"大脑袋"来启动"多面手"——拍摄单元，将车辆违章的图像场景和违章车辆的车牌等实时拍摄记录下来——留下铁证。同时还须将违章的资料数据加在违章车辆图片上，并将图片存盘记录。

"电子警察"在查到违章并记录之后，还需将这些信息及时传输到交通违章处理中心，此时"飞毛腿"——信息传输单元通过现代通信网络技术（包括有线、无线网络）快速准确无误地从各个监控点送达交通违章处理中心。交通违章处理中心的警察将对送达的违章数据进行判读，并通过车辆档案库获取违章车辆的相关信息（如所属单位、车主、车辆详细资料等），然后将违章告知单寄发至车主，通知违章驾驶员到交通违章受理处接受处罚教育。

为了对付"电子警察"的监视，有人发明了"电子狗"，即在车上安置一个电子检测装置，根据主动检测原理来探测电子警察装置的位置，提前警告司机做出防范措施,来逃避"电子警察"的监管。岂知魔高一尺,道高一丈,"电子警察"装置在设计过程中,早已料到了这一招,并采取了有效应对措施。如采用被动式检测技术等,使"电子狗"的鼻子、耳朵全部失灵。为了防止反雷达装置,即针对雷达探测装置,"电子警察"可以采用不同的工作波段,使得反雷达装置无法知晓雷达探测装置的工作频率。

"电子警察"有助于规范交通行为,降低交通违章发生次数,保障交通行为人的安全,是对交通违章者的爱护与挽救。

（孙有望）

 知识链接

工作原理

1. "电子眼"采用感应线来感应路面上的汽车传来的压力,通过传感器将信号采集到中央处理器,送寄存器暂存（该数据在一个红灯周期内有效）;

2. 在同一个时间间隔内（红灯周期内）,如果同时产生两个脉冲信号,即视为"有效"。简单地说,就是如果当时红灯,你的前轮子过线了,而后轮子没出线,则只产生了一个脉冲,在没有连续的两个脉冲时,不拍照；

3. 有些情况是：有的人开车前轮越过线了，怕被拍到，于是他又倒一下车，回到线内，结果还是被照了，什么原因？就是因为一前一后，产生了一对脉冲信号（这一对脉冲是在同一个红灯周期内产生的）。但是目前大多数电子警察的感应线圈具有逻辑识别功能，对此情况可以不抓拍。

4. 黄灯亮时，拍照系统延时2秒后启动；红灯亮时，系统已经启动；绿灯将要亮时，提前2秒关闭系统。这主要是为了防止误拍。

5. 违章抓拍有两种方式，一种是地下埋设感应线圈，横杆上架设数码相机，用于对闯红灯的抓拍，另一种是架设摄像机，用于对超速、闯红灯、违章停车等进行实时录像。无论哪种方式，都会对违章车辆拍摄至少三张图片，一张是瞬间违章图片，一张是号牌识别图片，一张是全景图片。不论哪种方式，都是24小时开机拍摄，图片保留时间一般是一周。

6. 违章处理过程：指挥中心收到图片，会将车牌号信息与车管所信息相比对，从而调出车辆的综合信息，如车主、车型、车辆颜色等，然后由信息处理人员录入交通管理局网站，以使违章车主能够进行查询。

7. 信息损失问题：不是所有违章的车辆都能够被拍下来，只有车牌图片清晰的情况下，信息录入人员才能将违章车辆输入数据库进行处理。

8. 拍摄范围：一个摄像机通常只拍一个车道，少数可拍两个车道，一般都是设在从左向右数的第一和第二条车道上。数码相机的拍摄范围较宽，在城区内大多数都能够拍到同向的所有车道。

交通系统中的"慈善事业"

目前,在交通工程方面的助残项目主要针对两种残疾人来开展:一种是盲人,他们看不见,但手脚一般还是健康的,要为他们指明目的地的前进方向,即导向;另一种是肢体残疾人,他们看得见,但行动困难。上述两种残疾人的行动往往通过拄盲杖、乘轮椅及使用诸如拐杖等各类助行器来辅助。为盲人和肢残者行动服务的各类设施的总称叫作"城市无障碍环境",体现在交通工程方面主要包括城市道路无障碍设施和公共交通设备(含建筑和车辆)的无障碍设施两大类。如果再稍微展开一下,城市道路无障碍设施应为人行道、人行横道、人行天桥、人行地道、公交车站、桥梁、隧道和立体交叉等建筑上的无障碍设施。公共交通设备的无障碍设施应为机场、火车站、长途汽车站、轨道交通站和码头里的广场、出入口、通道、候车（船、机）室、检票口、售票处、站台等建筑以及公交车辆上的无障碍设施。

盲道是为盲人服务的设施中最常见的一种，它一般分为行进盲道和提示盲道两种。人们在人行道上看到的呈棕黄色、用长条形和圆形地砖铺就凸起部分、宽度在0.3～0.6米左右小道，就是盲道。盲人拄着盲杖，在有长条形凸起的小道上行走时，就是一般正常的行进盲道；当到达行进盲道的起点、终点及拐弯处，就要设置圆形凸起的提示盲道，其宽度要大于行进盲道。人行道上如有台阶、坡道和其他障碍物，或者在人行横道、地铁入口，在相距0.25～0.5米处，应设置不同形状的提示盲道。与人行道相似，在火车站、地铁车站的站台上也应设置盲道。

▲ 无障碍设施通道
▼ 地铁站上的盲道

随着科技的发展，在有红绿灯的路口，可设盲人过街音响装置或请求车辆让道的按钮。上海南京路外滩和南京路河南路口，分别装有两套绿闪倒计数器，就是一种盲人音响信号提示装置。

国外已开发出一种为盲人服务的导引系统,它的基本原理是在盲道的地砖内埋设磁性感应标签,在需要导向地点的人行道边装有盲人音响导引装置,而盲人拄的盲杖内装有磁性传感器,盲人胸前挂了一个兼有发射和接收功能的机器。当盲人的盲杖碰到盲道的地砖时,接收机就发出蜂音,盲人按动发射按钮时,音响导引装置上的扬声器就会发出"此地是南京路河南路口"的提示语。

▲ 盲人音响提示装置

交通建筑为肢残者服务的无障碍设施主要是各种坡道和提升机械。

交通系统的"无障碍环境",除了上述设施以外,还要包括交通系统的工作人员对残疾人的关心,处处体现人文关爱精神。

(钱平雷)

智能交通系统

智能交通系统（intelligent transport system，简称 ITS），或叫智能运输系统（intelligent transportation system，简称 ITS），是城市发展与城市管理现代化的一项重要标志，也是信息化技术在交通运输业的成功应用。

智能交通系统包括：

先进的交通管理系统（advanced traffic management system，简称 ATMS），主要是依靠道路（高速公路）设置的车辆检测装置（如路面埋入的气囊或者磁块、路边设置的雷达探测器等），获取汽车运行的速度、方向及其前后车辆之间的距离等信息，提供控制运行的最优数据给汽车中的电子设备，使道路上的汽车能保持安全距离成组行驶。

ATMS 还能根据每条道路车辆运行情况，调节整个路网的交通流量，最大限度地发挥路网的通行能力，包括对交通拥挤及时处理。

为了达到上述目的，必须有准确快速有效的探测技术支持，还须有科学可靠的计算机软件来达到"智能化"水平。

车辆检测的方法很多，而且在不断地创新发展。最传统简单的是采用感应回路技术，即在路面上埋设感应器（如气压式、电磁式等），汽车通过时，车轮的压力转化为电压信息，然后根据车轴数来判断车辆数、通过速度等，并将这些信息与计算机联网，就可以进行统计分析并发出反馈指令。

采用视频图像处理技术来自动监视道路交通状况，改变了上述感应回路技术的点式、断面式的判断缺陷，通过对摄像机摄录的图像进行分析（专门的计算机分析软件），可以较为完整准确地确定车辆不断变化的位置，从而能更好地完成对道路交通流的特征分析。

此外，在车辆上安装"电子标签"——储存有车辆信息的电子信息发射装置，或者更为简单地在车辆上贴上代表车辆身份的条形码粘贴纸，都可以很好地收集到车辆信息。但不同的信息源，要在路边设置相应的信息接收装置。

先进的驾驶员信息系统（advanced driver information system，简称 ADIS），有的国家则称为 ATIS，即将其中的 Driver 换成了 Traveler（旅行者、旅客），包含的受益面更广一些。

不管是 ADIS 还是 ATIS，都是利用 ATMS 提供的交通信息，比如道路的拥塞情况、当地气候及道路本身的通行状况等，通过车载定位导航系统（global positioning system）、路旁通信装置及各种交通诱导可变标志等，使驾驶员与旅行者始终处于"统掌全局"的地位，使车辆始终行驶在最为畅通和最为经济的路线上。

自从有了车载定位导航系统（一般称为"GPS"），不但车辆的驾驶员可以随时获取各种交通信息和优化路径选择方案，也使车辆的具体位置得到了精确的定位——管理者在千里之外可以最直观地看到本公司的车辆，尤其是当车辆遇到意外时，GPS 便有"救命恩人"之誉。比如出租车遇到劫车歹徒，司机只要按压警报按钮，公司调度中心与警察局监控中心的屏幕上就会同时出现危急信号，警车就可以在最短时间内赶到出事现场。

目前的 GPS 车载设备，已经可以达到声音、图像、文字共同显示的最直观的方式，定位的精度可以以"米"来表达。如果配上地理信息系统（GIS），俗称电子地图，可以精确地表示车辆所处的某条道路、某个门牌号码。

先进的车辆控制系统（advanced vehicle control system，简称 AVCS），或称为智能汽车控制系统（IVCS）。在 ATMS 的条件下，实现了汽车驾驶装置的智能化、自动化，是一种"锦上添花，追求完美"的系统。AVCS 具有如下基本功能：车辆在过于接近某个物体时，能自动报警提前避让；在遇到紧急情况时，能自动启动制动系统安全停车；在天气恶劣时，能帮助提高能见度等。AVCS最高境界则是能自动调节车速，自动控制车辆运行方向，自动保持安全车距——换言之就是自动驾驶，让驾驶员休息。

先进的商用车辆管理系统（advanced commercial vehicle operation，简称ACVO），和先进的公共交通系统（advanced public transportation system，简称APTS），这两个系统更注重提高社会公共车辆的智能化管理。

ACVO侧重于货运车辆管理，除了共享前面的ATMS和ADIS的成果之外，对货车而言，装载货物的情况是管理的关键，比如超载、超高，比如危险品车辆、渣土车等对交通环境影响较大的问题，必须严格监控管制。当然，ACVO在运货车辆的路径优化方面也提供即时的调度指挥服务，同样是运用GPS和GIS来实现。此外，港口车站的不停车称重、高速公路不停车收费等，也是支持货车提高运输效率的有效手段。

至于APTS，则是通过个人计算机、公共信息平台、路边或车站的电子显示器，向乘客提供公共车辆（包括公共汽车、电车、轨道交通、出租汽车等）的实时运行信息。同时，也具有车辆管理功能，如车辆状况监控、车辆调度等。

如果说ATMS是ITS的基础，ADIS是ITS的个人化运用，那么ACVO和APTS则是ITS的社会化、公共化运用的表现。整个交通系统的道路和私人汽车、货车、公共汽车、电车、TAXI、轨道交通等交通方式都已纳入ITS，剩下的可能也就只有步行者与骑自行车的人了，这一点正是 ITS 实施的一大"软肋",尤其是在经济欠发达地区和国家,也即步行与非机动交通比例较高的地方,混合交通的结果就会产生"混乱交通",而且极大地影响 ITS 实施效果。

ITS 还有一项子系统叫先进的乡村(远郊)交通系统(advanced rural transportation system,简称 ARTS),主要关注偏远乡村地区交通安全问题,它主要包括路边自动安全监测系统、紧急情况下的营救支援管理系统、陡坡与曲线段的车速警告系统、路面安全条件自动告示系统等。在尽量减少人工管理的情况下,使得人们在这些车辆稀少、车速容易过快的路段能够安全行车。

(孙有望)

 知识链接

中国 ITS 发展大事记

1994 年我国部分学者参加了在法国巴黎召开的第一届 ITS 世界大会,为中国 ITS 的开展揭开了序幕。

1996 年交通部公路科学研究所开展了交通部重点项目《智能运输系统发展战略研究》工作,1999 年《智能运输系统发展战略研究》一书正式出版发行。

1999 年由交通部公路科学研究所牵头,全国数百名专家学者参加的"九五"国家科技攻关重点项目《中国智能交通系统体系框架研究》工作全面展开。2001年课题完成,通过科技部验收。

2002年4月科技部正式批复"十五"国家科技攻关"智能交通系统关键技术开发和示范工程"重大项目正式实施,北京、上海、天津、重庆、广州、深圳、中山、济南、青岛、杭州十个城市作为首批智能交通应用示范工程的试点城市。

2003年11月,科技部马颂德副部长第一次率中国政府代表团参加在西班牙马德里举办的第十届ITS世界大会,科技部联合交通部、建设部、公安部和北京市政府联合申办"2007年第十四届ITS世界大会"获得成功。

2004年10月,科技部第一次大规模组团参加在日本名古屋举办的第十一届ITS世界大会,中国政府展览团在ITS大会的首次展览,获得成功。

2007年10月9—13日,第十四届智能交通世界大会在北京展览馆举行。大会展示了中国多年来各部门、各地区在ITS领域所取得的成就,并加强了中国在ITS领域的对外交流。

世界屋脊上的钢铁运输线

"二呀么二郎山,高呀么高万丈……"这首在20世纪50年代初期脍炙人口的歌曲《歌唱二郎山》,歌颂了解放军指战员"铁打的汉",排除艰难险阻,在号称"世界屋脊"的青藏高原上修建康藏公路,经过二郎山时的革命英雄主义气概。这条康藏公路就是如今的川藏公路。如今,建设一条真正意义上的"钢铁运输线",即进藏铁路,对于加速西藏的建设具有重要的政治、经济和军事战略意义。

西藏地区独特的地理环境给科技人员提出了难题,从什么方向建设进藏铁路最为合适呢?科技人员提出了三个方案:青藏铁路、川藏铁路和滇藏铁路,即从青海的西宁到西藏的拉萨;从四川的成都到拉萨;从云南的昆明到拉萨。这3个方案的选择乃是一项如何根据技术、经济、社会，乃至环境条件进行科学决策的大课题。

青藏铁路。从西宁到格尔木的铁路早在 1984 年就修通，它是青藏铁路的一部分。青藏铁路绝大多数地段处于青藏高原上。青藏高原是世界上面积最大、海拔最高的高原，平均海拔高度在 4 500 米以上，拥有"世界

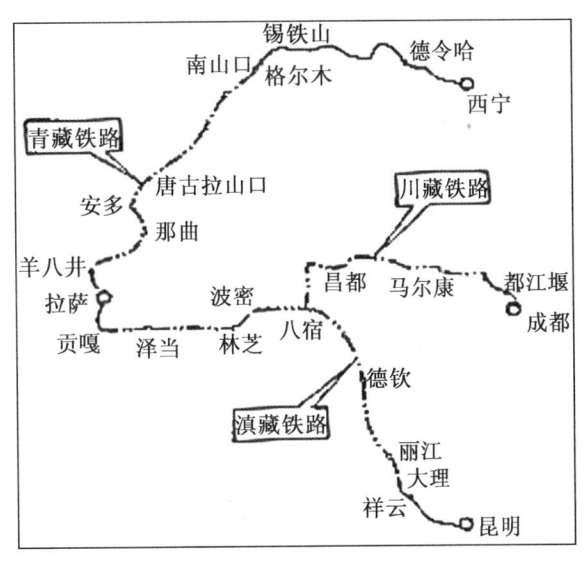

▲ 进藏铁路的三个方案

屋脊"和"地球第三极"之称。修建青藏铁路有两大难题，一是线路经过的地区均为高海拔地区，海拔高度超过 4 000 米的地段就有 930 千米，至高点是 5 072 米的唐古拉山垭。二是沿线广泛分布多年不化的冻土。青藏铁路的优点在于这些地段地形开阔，桥隧比重只占全长的 3.5%。按当时估计，工程总投资为 200 亿元。

川藏铁路。从成都附近的都江堰站算起，到拉萨线路全长 1 927 千米，要经过岷江、大渡河、澜沧江、怒江和雅鲁藏布江等水系，要翻越鹧鸪山、雀尔山、雪齐山等作为分水岭的高山。地形陡峻，地质复杂。桥隧占线路总长的 42.5%，最长隧道达 19.5 千米。总投资估计为 800 亿元。

滇藏铁路。实际是从大理站正式算起，到拉萨全长

1 594 千米。到八宿后，与川藏铁路走向相同。该铁路要经过横断山脉和藏东峡谷地带，沿线山高谷深，地质条件恶劣，桥隧占线路总长的 37.7%。总估价为 600 亿元。

根据 3 条线路的条件来看，似乎青藏铁路应该是首选，因为造价最低，但如果把 3 条铁路放到全国的铁路路网上来看，三者作用各不相同，它们都可以作为我国西部铁路的骨架来看待，尤其是滇藏铁路所经之处是云南和西藏人口稠密、气候温和、资源丰富的地区，有它的独特优势。轻易地否定哪一条都不合适。最后权衡下来，还是决定先修青藏铁路，川藏铁路、滇藏铁路待条件成熟时再修也不迟。

这是青藏铁路上马建设的前奏曲。但是真正开始修铁路时，广大铁路员工面临的除了高原和冻土两大难题之外，还有环境保护问题。广大科技人员和工人依靠自己的智慧和力量，采取了科学的对策，有效地克服了 3 大难题。

首先是高原难题。高原环境不仅对人，而且对施工机械设备都带来困难。由于高原缺氧寒冷，大气中杂质和水汽含量低，紫外线照射强烈；荒无人烟，后勤保障困难。这对于人的生存都是挑战。尤其是供氧不足，会使机械设备的功率减低，性能改变，故障增多。采取的对策是，施工期间增加人力、物力，进行轮流换班作业，这样做可以明显提高高原适应性和工作效率；尽可能采用新型模板化、拼装化的设计。一旦通车后，列车快速通过高原，减少旅客和工作人员在高原的滞留时间。机械养路,采用少维修的线路设备。逐步扩大当地人员和藏胞的员工比例。选用功率大、速度高、适应高原运行的内燃机车,客车用2台机车、货车用3台机车牵引,增大其可靠性。当一台机车发生故障时,列车可以在减速状态下继续前进。

其次是冻土难题。冻土是由固体矿物颗粒、未冻水、冰和气体组成的一种特殊土壤,与常规土壤有很大不同。铁路路基的修建,改变了冻土的物理特性,导致冻土融化下沉或者冻结膨胀,严重危及路基的稳定性,会给今后的列车运营带来隐患。采取的对策是,在搞清沿线多年冻土带分布的基础上,采取分别对待的措施。如对于地温较低、比较稳定的冻土,就采取保持地基土冻结状态,应用填土方式通过;如果通过的轨道路基底面碰到了冻土,就要铺设聚酯板等新型材料,将路基的土与冻土隔离开来,以保持冻土的稳定。遇到具体情况,就采取不同的对策。

第三是环保难题。青藏高原是我国和东南亚地区的"江河源"。我国的长江、黄河的发源地都在这里,它又是世界山地生物物种的一个重要起源和分化中心,其生态环境既独特原始又脆弱敏感。在这个地区修铁路,不仅工程艰巨,技术复杂,而且生态环境保护和恢复的难度很大。为此,在青藏铁路的建设中,还第一次签订了环保责任书。根据青藏高原的特点,将沿线地表植被、珍稀动物物种、自然保护区、湿地、原始景观、河流源头水质和冻土环境等放在保护工作的首位,首次推行了

▲ 位于拉萨市的我国首座藏式铁路隧道洞——柳梧隧道峒门
▼ 青藏铁路

环境监理制度。尤其值得一提的是对藏羚羊等珍稀动物还专门建立了通道。在河床、山脊等动物迁徙地带，铁路将采用特大桥涵、隧道方式通过；在平原开阔地带，将建造特大旱桥和路基缓坡，以便动物通行。从昆仑山到唐古拉山 400 千米范围，就设置 31 处这样的通道，尽量使铁路的施工和运营不影响野生动物的迁徙和繁衍。

除了 3 大难题的解决，青藏铁路还攻克了一道道难关。凿通了长 1 686 米，海拔 4 600 米，号称"地质万花筒"的昆仑山隧道。打穿了长 1 338 米，轨面海拔 4 905 米，可称得上世界海拔最高的风火山隧道。还有长江源特大桥、清水河特大桥等一系列大型工程。尤其值得一提的是，2002 年 5 月 14 日完工的柳梧隧道，是西藏第一座铁路隧道，其峒口富有藏族民族风格。另外，拉萨河大桥结构新颖，通体白色，与金色的布达拉宫遥遥相望。总之，青藏铁路创造了世界铁路建设史上的奇迹，也是先进的科学技术和人类与大自然和谐相处的一个典范。

（钱平雷）

不吃草不喝水的"千里马"——电力机车

人们形容一件不能两全其美之事时,常会揶揄道:"又要马儿跑得快,又要马儿不吃草,可能吗?"在铁路上倒是可能的,电力机车就是唯一可以实现此事的"千里马",只不过此马是"铁马"而已。

电力机车事实上是一种将柴油机、发电机集中在发电厂的电传动内燃机车,但仅此一举就带来许多好处。首先是能源使用面广泛多了,不管是煤、油、水、核能,还是潮汐、垃圾、太阳,只要能发电就行。其次,机车运行途中不需加油——好比不"吃草"也不"喝水",电力牵引接触网架设到哪里,电力机车就能一刻不息地奔驶到哪里。第三,集中供电比分散供电在技术上能带来更大的好处。由于节省了钢材铜材,机车的造价降低了,马力却增加了,提高了效率,司机工作环境更好了,同时减少了沿途污染……

当然，话又说回来，电力机车一定要行驶在电气化铁道上，在普通铁路上是寸步难行的！为此，就要在铁道两旁竖起很多专门的电线杆，拉起架空线，隔一段路程就要建造一个牵引变电站。

一般，电气化铁道多采用交流输电制式。发电厂（站）发出的电流经过变电站升压到110或220千伏，由高压输电线送到线路上的牵引变电所，然后降到25千伏，并将三相交流电变为单相工频交流电（工频即工业频率，50赫兹），通过馈电线输入接触导线。

我国国产的电力机车被命名为"韶山"型，在电力机车的顶部有专门从接触导线上接受电流的受电弓（其作用与城市电车的"小辫子"一样）。受电弓的升降由司机控制。它的动作很有讲究，不亚于体操运动员的规

▼ 电力机车（交流式）

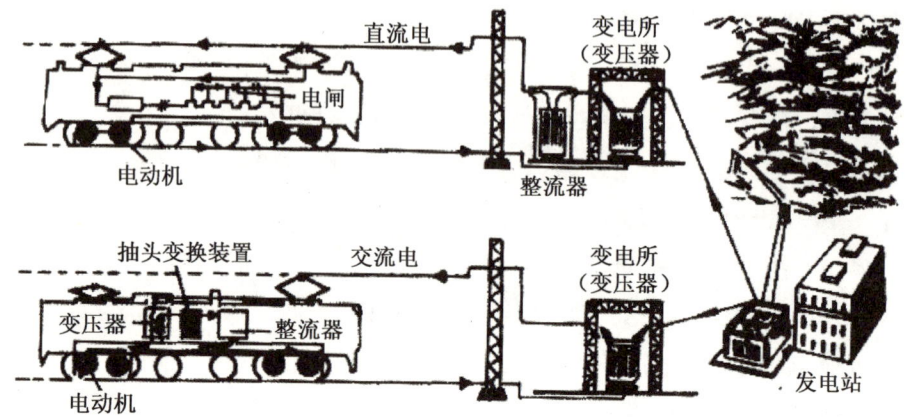

▲ 电力机车（直流式）

范动作：升弓时，要先快后慢，柔和地靠上导线；降弓时要干脆利落，但也要轻轻回归支架上。动作做得不够标准，就会冒出大量电火花，击坏导线或受电弓上的受流板。

　　韶山型电力机车是我国湖南株洲田心机车工厂生产的干线客货牵引机车，机车两端各有一个司机室，里面比内燃机车的驾驶室更漂亮干净。操纵台上除了一个速度手柄外，还有一排排琴键开关，操作起来如同在弹奏小夜曲一般。机车中部全是电气设备，主变压器做进一步分配电流的工作：一根线进来，三根线出去，前者称原边绕组，后者称副边绕组。副边绕组中最粗的一股是牵引绕组，供整流成直流电驱动牵引电动机；另有一股是为电动机供电的励磁线圈；第三股是供其他辅助电机（如通风机、空气压缩机和油泵等）工作的。

　　电力机车的电动机在列车正常运行时，是勤奋工作的动力源。在列车减速时,它反过来还会变成发电机帮助制动呢!这是因为电动机与发电机具有可逆转性,人们就巧妙地运用这一特性,叫作"电阻制动"。

当列车要减速时,蒸汽机车只能靠空气制动,让闸瓦紧抱车轮,就像自行车刹车一样,这样做,极易造成闸瓦磨损和车钩拉断——由各节车辆动力不均匀造成的。电力机车要减速制动时,司机只需按一下"电阻制动"键,就能撤去电动机的电能供应。此时,高速运转的车轮反过来带动电动机转子继续高速旋转,向励磁线圈供电,形成磁力线,切割运动线圈,产生感应电势,电动机也就变成了发电机;然后,将感应电势引入一个庞大的电阻使其发热,再启动通风机猛吹降温,就完成了"多余动能→电能→热能"的转换过程,列车也会慢慢地减低速度。当然,当速度减低到一定程度,比如进站停车时,发电机就发不出电来了,那时亦需空气制动机来助一臂之力,把车完全刹住。

由于有了电阻制动,电力机车无论上坡还是下坡,甚至长坡道,都一点不用担心。如宝成线的宝鸡—凤州段,列车一出宝鸡,就要翻越秦岭,先是连续上坡,坡度达10‰、20‰,甚至30‰。以3台电力机车作牵引的列车,拉2 500吨货物,以每小时40千米速度可以稳稳爬上秦岭。换了蒸汽机车,3台"前进"型牵引,司炉赤膊上阵,也只能以每小时20千米速度,拉1 200吨重列车,"气喘吁吁"地爬到顶。

上坡算是以力取胜,蒸汽机车拼一把还行,下坡可是身不由己，一二千吨重量，几千米长的连续下坡，加速度越来越大，即使不断施以空气制动，列车仍然风驰电掣，惊险异常，此情此景真叫司机吓出一身冷汗。电力机车有了电阻制动就不怕了，照样以 40 千米/小时恒速下坡，绝无空气制动时闸瓦紧抱车轮发出的刺耳的摩擦声和金属互相挤擦时发出的臭气味，也没有一串串火花直冒和车钩碰撞拉扯的"呻吟声"，一切都变化为热气一缕。

由此可见，电力机车的确不同凡响，光这"电阻制动"就令人叫绝（电传动内燃机车也可用电阻制动）。所以，电力机车一问世就得到世人青睐。

世界上第一台电力机车是 1879 年德国西门子公司制造的直流电动机车。在柏林贸易博览会上，这台自重 954 千克，由 3 马力直流电动机驱动的"小家伙"，居然拉动了 3 节客车，在一条椭圆形轨道上绕行了一圈，引起各国铁路专家的极大兴趣。

1893 年，第一台交流电力机车诞生。1903 年，西门子公司又与美国通用电气公司合作，制造了第一台三相交流电传动机车，并在电气化铁路上运行，创下了行车速度每小时高达 200 千米的世界纪录。

如今，高速铁道、地下铁道和城市铁路都广泛采用了电力牵引，因为它力气大，跑得快，又十分干净，不会污染环境。

（孙有望）

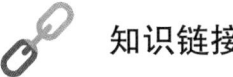 **知识链接**

电力机车在中国

中国于1914年在抚顺煤矿使用1500伏直流电力机车。干线铁路电力机车采用单相交流25 000伏50赫电流制。1958年制成第一台以引燃管整流的"韶山"型电力机车。1968年改用硅整流器成功,称"韶山1"型,持续功率为3 780千瓦。

近年来干线电力机车向大功率、高速、耐用方面发展,客运电力机车速度已从每小时160千米增加到200千米,并向250千米迈进。

各国制造的电力机车电压制较复杂,不便于国际间铁路联运过轨。近年来国际上已定出几种电力机车用标准电压。

技术与艺术的结晶——立体交叉

说到交通，就会让人想到高速公路上汽车疾驰而过的"爽快"和城市道路上车流滚滚的"壮观"，当然也会想到交叉路口排长队等候绿灯的"烦躁"，想到交通事故和交通污染带来的"苦恼"。除了交通规划的科学性、合理性和交通管理的先进性、及时性之外，交通设施的能力与发展水平也是非常重要的基础条件。比如高速公路上的汽车为什么不用"吃红灯"，而城市道路却要频频停车排队等绿灯呢？因为前者的交叉口全部都是立体交叉，而后者却无法做到这一条。

在城市道路交通系统中，交通拥挤堵塞的主要发生点不在道路的路段上，基本上都集中在交叉口——因为路段上的车辆除了极少数需进出路边的建筑物（居住小区、办公楼、商店、文化体育场馆等）而会产生转变车道的需要外，其他都是按同一个方向运行，只要大家不违章变道超车，应该是最安全最可靠的交通流。

但是，到了交叉口，情况就变得异常复杂，除了一部分车辆仍然直行之外，一个方向的车流至少会产生左转、右转两个需要变换运行方向的新车流。那么，在一个十字路口就会形成4个直行方向、4个左转方向、4个右转方向的重新组合。如果十字路口再增加一条交叉道路而变为五岔路口时，其复杂程度将令人吃惊。

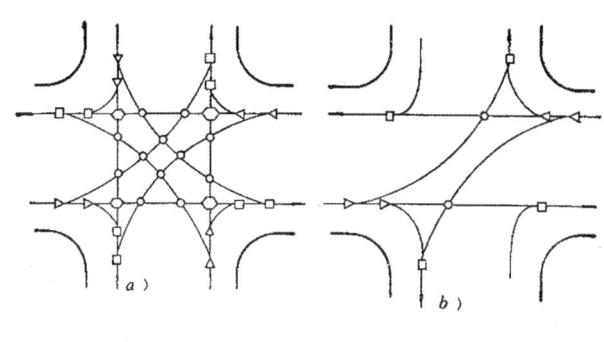

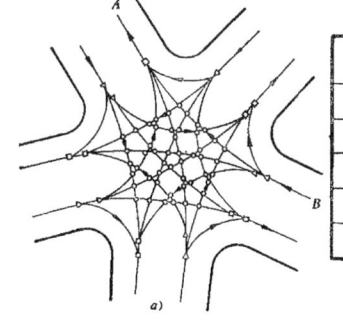

交错点类型	无信号 a)	有信号 b)
△ 分叉点	10	4
□ 汇合点	10	6
○ 左转车流冲突点	45	4
○ 直行车流冲突点	5	0
交错点总数	70	14

▲ 十字路口复杂情况
▼ 五岔路口复杂情况

于是，在一个最常见的十字路口，就会形成4个直行车流冲突点、12个左转车流冲突点、8个分流点、8个汇合点。这些冲突点将会造成车辆冲撞，而这些分流汇合点将会造成车流减速和车辆互相碰擦。当然，这是在没有管制（既无警察又无信号灯）的自由交通状态。

在交叉路口，为了保证车辆安全和行车秩序，必须有警察指挥，或者安装交通控制信号灯。但是，停车等待就变得不可避免，拥堵发生的概率也变得相当高。

▲ 上海莘庄立交

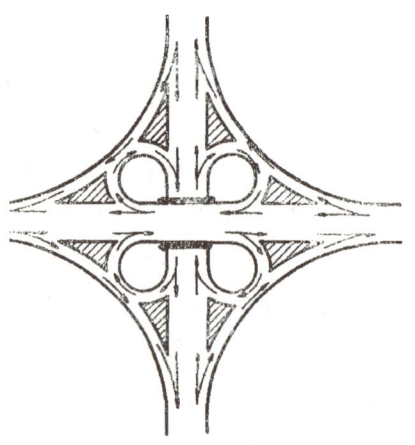

▲ 苜蓿叶形立体交叉设计原理图

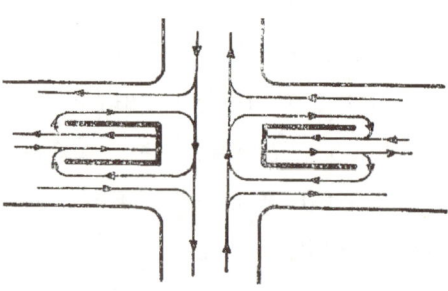

▲ 坡道立交车流行走路线图

看来，城市道路交通拥堵总是从交叉口开始，再蔓延到全路段。多个交叉口的拥堵，将形成一定范围的全面拥堵，再发展下去就是全城拥堵——这是一个从点到线到面到全部的过程。

改变城市道路交通拥堵的重要工程措施之一就是在关键交叉口修建立体交叉，彻底取消交叉口的分流、汇合、交叉车流相互影响，将交叉口变为一般的路段，既解决了减速停车等拥堵的根源问题，又能提高安全系数，降低车辆碰、擦、冲撞的可能性，还不需要警察与信号灯。

但是，立体交叉建设难度很大。首先，要解决两条道路（按最常见的十字交叉口）之间的正面交叉——这是危害性影响度最大的交叉点，就必须建一座跨线桥，让一条道路在空中（或地下，净高须达到4.5~4.8米）跨越另一条道路。其次，要解决好各个左转右转方向车辆进出交叉口的高差问题——一般采用不同的匝道方案来解决，这也是立体交叉设计中最困难，但也是最出彩、最具有创造性的地方。

最简单的立体交叉只解决正面交叉，也就是建一座"旱桥"。这种方法不但可以用于城市道路交叉口，还经常用于道路跨越铁路、建筑物等障碍物交叉点。简单立交无法解决左转右转的交叉干扰与冲突，只能作为一种"局部解困"方案，或因投资与技术局限而采用的过渡方案。真正的立体交叉学名叫"互通式立体交叉"，也就是按所有的车流方向，设计出专用车道的组合，形成互不干扰、不需停车就能顺利通过的立体交叉。

说到互通式立交设计建设，可以说是技术与艺术的完美结合，是将庞大沉重的钢筋混凝土工程结构物建成标志性城市景观雕塑的成功典范。

这里不妨举互通式立体交叉的几个范例来看看。

第一种是按照所有直行、左转、右转车流的运行路线建设专用车道，做到交叉口所有可能形成的车流方向均能"各行其道、互不干扰"，并使每一个方向的路线都是最短路径——直接连接，除非设计师考虑到立体交叉的艺术性与美观要求而采用较长的延伸段，或选择较特殊的弯道。

这种立体交叉被称为"全互通式立体交叉"，不但可以满足"丁"字交叉口、"十"字交叉口等一般交叉口的"立体化"，还能解决五路交叉口及更多路交叉口的立体交叉难题。"全互通式立体交叉"可以设计建设成"空中彩虹"般的飘逸多变，成为城市的一道亮丽景观，如上海莘庄立交是一个五路干道汇集的立体交叉，也是一处气势不凡、漂亮多变的城市景观。

第二种常用的互通式立体交叉是苜蓿叶形立体交叉，这种立交顾名思义是模仿苜蓿叶的生长样式来完成左转车流路径设计，也是最常用的互通式立体交叉设计模板。

立体交叉的设计首先必须解决的是各个直行车流的分离，一般均采用跨线桥直接完成。比较容易解决的是各个右转车流的匝道设计，一般均按右转方向设在立交的最外侧，与直行、左转基本无大的干扰。最难的是左转车流的路线处理，在全互通立交设计时，采用有一个交叉点就建一座跨线桥分离的办法。在苜蓿叶形立交中，左转车道被设计成先直线通过交叉口中心，再右转90°变为垂直方向的直线车流，再次通过交叉口中心，从而完成一次左转过程。

苜蓿叶形立交的整体形象更充满了艺术感，形似苜蓿叶的左转匝道还有很大的"变形"与组合余地，可供设计师充分发挥想象空间。

苜蓿叶形立体交叉的最大优点是紧凑，占地较少，而且基本上只有2~3个高差，车辆的爬坡阻力较小，比较适合在城区建设。但是，缺点也很突出——左转车辆绕道比较严重，且是1/4个圆的小半径曲线，车流运行速度受一定影响，而且不太容易解决五路或更多路的交叉口"立体化"问题。

立体交叉与城市高架道路、高速公路构筑了一个"没有信号灯、没有交叉口"的快速道路网络。在建设过程中除了交通功能性要求之外，现在越来越注意艺术性与观赏性，以避免钢筋混凝土结构的沉重与压迫感。立体交叉已成为最大的城市景观艺术品之一。

（孙有望）

彩虹飞越黄浦江

20世纪90年代初,上海市以开发浦东为契机,提出了"一年一个样,三年大变样"的口号。尤其以建成南浦大桥、杨浦大桥与东方明珠电视塔为标记,揭开了全面进军浦东的序幕。

黄浦江上究竟有多少座桥梁?撇开沪杭铁路上的黄浦江桥,目前可以通汽车的黄浦江大桥有6座。这6座大桥的名字有一个共同的特征,即除了第二个字是"浦"字外,另一个字都与区、县名有关,即松(江)浦大桥、奉(贤)浦大桥、徐(汇)浦大桥、卢(湾)浦大桥、南(市)浦大桥和杨浦大桥。这6座大桥不仅见证了上海城市发生的变化,也代表我国的桥梁建设达到了世界一流的先进水平。

这6座大桥中的"老大"是松浦大桥。这是一座铁路、公路两用双层桥，建成于1976年，其中铁路桥长3 048米，公路桥长1 859米。它的正桥为两跨连续钢桁架，通俗地讲，如果一座桥是由两孔梁所组成，而每孔梁的两端分别架在两个桥墩（台）上，这就叫两孔简支梁；如果两孔梁的梁体本身就是一根梁，只不过在梁的中间，还支有另一个桥墩，这就叫两跨连续梁；钢桁架是用钢铁杆件所拼装而成的一个矩形截面梁体，上面走汽车，火车从中间穿过。尽管没有建在上海市区，但要评选黄浦江上的第一桥，松浦大桥是当仁不让的。

第二个具有里程碑意义的黄浦江大桥是南浦大桥，它是建在市区的第一座黄浦江桥。在修建过程中，采用了当时先进的桥梁形式——斜拉桥。所谓斜拉桥就是用斜缆将梁身吊于桥墩塔上。南浦大桥全长8 346米，通航净空为46米，主桥长846米，中孔为423米。南浦大桥的构造称为双塔双索面，塔高150米，是形状呈H形的钢筋混凝土结构。每座桥塔两侧各有22对钢

▲ 上海南浦大桥雄姿
▼ 上海杨浦大桥外观

▲ 上海徐浦大桥
▼ 上海卢浦大桥雄姿

拉索连接主梁，钢索呈扇形布置。为了节省城市中的用地，浦东、浦西两侧的引桥都采用了复曲线，在浦西一侧，还形成了螺旋形。南浦大桥于1991年建成通车。

当南浦大桥还在施工中，杨浦大桥的建设已经拉开了序幕。南浦大桥建成不到2年，杨浦大桥也通车了。杨浦大桥也是斜拉桥，全长7 658米，通航净空为48米。主桥长1 172米，中孔为602米，是当时世界同类桥梁之首。它的构造也为双塔双索面，塔高220米，是形状呈倒Y钻石形的钢筋混凝土结构。每座桥塔两侧各有32对彩色钢拉索连接主梁，钢索也呈扇形布置。由于在桥塔上部将两个索面内的缆索靠拢锚固，而缆索的下端仍沿着梁的两侧固定，上面塔顶窄，下面桥面宽，形成的两个索面就是斜面。杨浦大桥的构造在大跨度桥的抗风稳定性上更加理想。

在杨浦大桥先后建设的还有奉浦大桥，全长2 201

米，其中主桥941米。1994年3月开工，1995年10月建成通车。它虽然在6座黄浦江大桥中是外貌最普通的一座，而且结构也是较为普通的预应力钢筋混凝土连续梁，但它的建成却与一位美丽的舞蹈家周洁的名字连在一起。这位从奉贤农村走出来的艺术家，为家乡的建设想方设法筹集造桥资金，留下一段佳话。

徐浦大桥也是一座斜拉桥，1997年建成，全长1 072米。与杨浦大桥的外形相仿，所不同的是，它的双塔呈A形。

建成于2003年的卢浦大桥，全长3 900米，其中主桥长750米。这座黄浦江上最后诞生的小弟弟，构造形式是中承式钢拱桥。南浦、杨浦、徐浦均为斜拉桥，它们的首席设计者——设计大师林元培认为卢浦大桥建在市区显著地位，应该换一种构造形式，就提出用拱桥。因拱桥的拱形如同一道彩虹跨越在黄浦江之上，能为城市增添光彩，于是就有了如今的钢拱梁（肋）。所谓中承式拱桥，就是让车辆走行的桥面系（统）设在拱梁（肋）的中部。它的优点是坡度小，引桥短。卢浦大桥直接与上海南北高架道路相连，这样的构造更加合理。卢浦大桥的建设者创造了多项世界纪录。这是世界上第一大跨度的拱桥，跨度为550米，拱高为100米，单是两根拱（肋）梁的顶部用钢杆件相连形成的面积，就有篮球场那么大。在2004年的世界桥梁大会上，卢浦大桥被授予全球桥梁设计建造的最高荣誉大奖——尤金·戈菲奖。2010年世界博览会的会址就在卢浦大桥的两侧，它见证了上海新一轮翻天覆地的变化，也将继续向世界展示中国人造桥的先进水平。

（钱平雷）

 知识链接

中国近代有影响的桥梁

1. 钱塘江大桥：位于浙江省杭州市，中国人自建的第一座现代化大型铁路公路两用桥梁。桥全长1 453米，共16孔。1935年4月动工，1937年完工。茅以升和罗英是桥梁建设的负责人。

2. 武汉长江大桥：位于湖北省武汉市，中国第一座跨越长江的铁路公路两用大桥。正桥有9孔，全长1 670米。1955年3月开工，1957年10月竣工。汪菊潜任总工程师，K.C·西林任苏联专家组组长。

3. 南京长江大桥：位于江苏省南京市，完全由中国人自行建造的一座跨越长江的铁路公路两用大桥。铁路桥长6 772米，公路桥长4 589米。1967年竣工。梅旸春任总工程师。

4. 江阴长江公路大桥：位于江苏省江阴市和靖江市之间，跨越长江的公路大桥。主桥跨径为1 385米，是我国最大跨径的悬索桥。1994年11月开工，1999年9月建成。

"豆腐里插钢条"——浦江隧道

"上海滩"是上海市的别称,它道出了上海这座城市形成的基础。"滩"就是在长江和大海共同作用下,由泥沙堆积起来的滩涂,它的土质比较松软,除了表层1~2米的土壤还比较硬实以外,下面很厚的一层就是淤泥,承载能力是比较差的。

为了解决浦东与浦西的交通问题,20世纪60年代末70年代初,上海人就开始建造黄浦江水下越江隧道的尝试。人们首先选择的位置是位于浦西的江南造船厂和浦东的上钢三厂之间的浦西打浦路的延长线上,故定名为打浦路越江隧道。打浦路越江隧道采用的施工工艺叫作盾构法。由于黄浦江底下的地质是承载能力很差的淤泥,将一条钢筋混凝土衬砌(隧道的四壁的术语)构筑的隧道建在中间,在当时难度是很大的,对于建设者来说要承担一定的风险，故称之为"豆腐里插钢条"。盾构法施工工艺的主角，不言而喻就是盾构。盾构是一个钢桶形的施工机械，它的前部是切口，安装掘进设备；中部是一圈千斤顶的固定处；后部是拼装衬砌块的部位。千斤顶以安装到位的衬砌为后座，向前推进。推进过程中，把挖掘出来的土，通过在后面紧跟着铺设的用于运土、运衬砌预制块的轨道上的车辆运出。如果采取现场浇注，速度就大大放慢了。打浦路越江隧道全长2 720米，是一座双向单车道的公路隧道。

在建设打浦路越江隧道的基础上，20世纪80年代至90年代，上海建设了延安东路隧道。它其实是两条隧道，故称北线和南线。由东向西的车辆走北线，由西向东的车辆走南线。

隧道单体的长度为2 207.50米，由于黄浦江江底下是淤泥，当盾构推进时，泥土会像挤牙膏一般地从盾构的挖掘口中向已经修筑好的衬砌方向挤进来，想象中似乎很轻松，其实则不然，因为有些地下水源的地质情况，依靠隔一定距离的钻探是难以查清的。从总体来看尽管是不大的水量，但如果处理不妥也会对施工人员的生命造成威胁。

在已经成功的打浦路、延安东路隧道经验的基础上建设的大连路隧道，它的消防和逃生装置是高科技产物。在这条隧道中，每隔25米设有消防设备一套；每隔30米路面就有一个突起的窨井盖，是逃生通道的入口，高度有3米，可以并排跑3个成年人。隧道内布置自动喷淋装置，由红外线光纤控制。

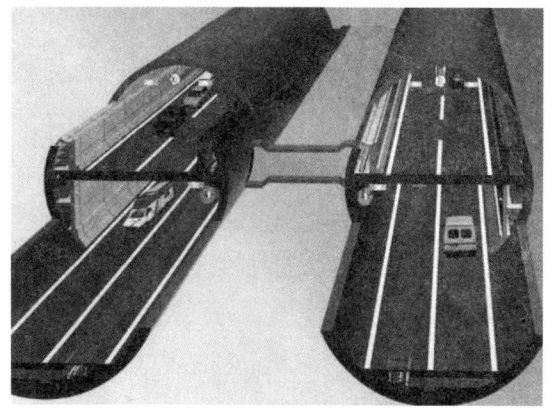

▲ 复兴东路隧道
▼ 复兴东路隧道断面图

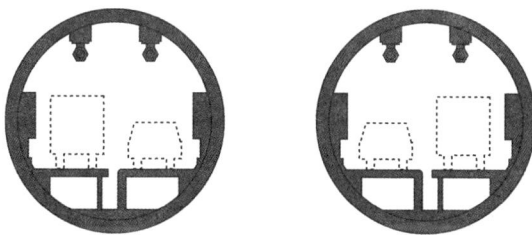

原初步设计横断面

隧道内径 10.04 米，布置单层车道，车道宽度为 3.75+3.5 米，
车道高度为 4.5 米，设计车速 50 千米／小时

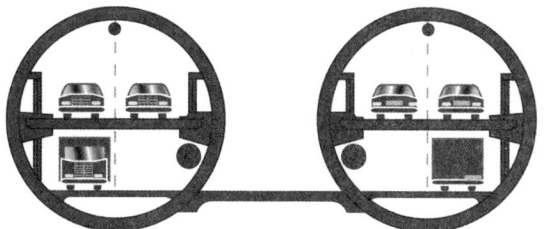

调整初步设计横断面

隧道内径 10.04 米，布置双层车道，设计车速 40 千米／小时。
上层车道宽度为 3.0+3.0 米，车道高度为 2.6 米；
下层车道宽度为 3.75（另设 2.5 米紧急停车带），车道高度为 4.0 米与以上应用盾构法施工工艺不同的是位于浦西吴淞到浦东三岔港的外环线隧道，它应用的是沉管法施工的特大型越江隧道。由于盾构法施工会受到盾构本身直径大小的约束，因为太大了，盾构制造、运输均有难度，而沉管法就避免了这个缺点。这座隧道全长2 880米，双向三孔8车道，中间的孔就是逃生安全通道，其规模为世界第二，亚洲第一。它的施工方法是根据设计把隧道做成一节一节箱型的钢筋混凝土预制品，在下沉前是一个封闭的箱子，甚至可以用船从预制场拖到施工现场。在预定的地点把江底的泥土挖去形成地沟，沟内抛下水下混凝土，形成隧道的基础，然后逐节地把预制的箱体拉到预定位置，使它下沉到达基础，第二节与第一节的连接处有防水和连接的特殊装置。当两节相连后，就把它们各自封闭的箱壁凿破，两节箱子就连为一体了。第三节和第二节的连接也是采取同样的工艺，一直到全体箱体连为一体，再在它们的顶上浇上水下混凝土，把它们"包"起来，一条世界先进水平的隧道就建成了。

目前，对在"豆腐里插钢条"的技术已经驾轻就熟，隧道建设者们在复兴东路隧道的设计施工中，把两条隧道都建成了"二层楼"。楼上可开两辆小车，楼下可开一辆大车，有效地克服了盾构法施工带来的通车面积减少的弱点，施工技术和机械都有了创新。

（钱平雷）

给外白渡桥"算命"

这里所说的"算命"并不是通常意义上的算卦之类的封建迷信,而是为外白渡桥计算寿命,故简称"算命"。

造桥本属于土木建筑工程的范畴,桥梁自然是个静物,只不过在它"身上"通行的人和车是动态的。然而,在桥梁专业工作者的眼中,桥梁与人一样是有生命的。

在桥梁专业的实际工作中,有一种行当与造桥的设计者的思维方式是逆向的,那就是"桥梁检定",他们与医生的思维方式倒是相同的。医生如要去判断一个人是健康还是"亚健康",是疲劳老化还是"病入膏肓",必须通过体检手段,得到各种数据,然后进行分析研究,做出结论。判断一座桥是处于正常状态还是疲劳老化,是加固"进补"还是等待报废,也要通过桥梁检定的各种方法,得到数据,进行计算分析,得出结论。身体检查和桥梁检定虽然两者风马牛不相及,但是双方专家的逻辑思维却是一致的。

为什么说桥梁设计和桥梁检定工作者的思维有顺向与逆向之区别?桥梁在建造前应进行设计,设计师通过对桥梁型式、材料和施工方法的选择,结构尺寸的拟定和计算分析,绘制出构造详图。必要时可以做模型,进行各种试验。可以说是计算在先,试验在后。桥梁检定工作者面对的则是已经造好了的桥梁,他们一般是通过各种试验,取得数据,进行分析,判定桥梁的实际承载能力,系统掌握其技术状态,提出应用条件和加固措施。可以说是试验在先,计算在后。

桥梁检定与人体体检的思维方式是相同的,这又是为什么呢?在桥梁检定中,要通过无破损检查和局部破损检查来进行结构检查。如通过超声波探测技术、X射线、伽马射线、磁力探测技术、激光全息摄影技术等测试手段,从构件上取样进行物理、化学分析和力学测试方法,与医院里医生在给病人体检时所使用"B超""X射线""CT""心电图""血样""活检"等无损伤检查和局部损伤检查试验的科技手段原理是一样的,有些甚至连试验的样子也类似。人在做"心电图"测试时,医生在人体的几个特殊部位放置探测点,这与桥梁在做车辆通过的动载试验时,桥检工作者在桥梁的几个特殊部位放置探测点的做法如出一辙。医生根据各种试验报告,进行综合分析,判断人体处于什么健康状态,建议他进行什么治疗或保健，应注意什么，吃些什么药；桥梁检定工作者通过各种试验数据的计算，判定该座桥处于什么样的技术状态，可以承载的能力，应进行何种加固，限制运行的车辆等级，或者应予报废的程度。

建于1907年的上海外白渡桥，已经有百余年的历史，它与上海大厦一起，有很长一段时间是上海的象征。当时通过车辆的荷载与如今的已经不一样了，正是因为桥检工作者尊重科学，不断对它进行观察和检定，所以它至今仍在为上海的建设服务。

（钱平雷）

外白渡桥名字的掌故

由于上海人民"反过桥税"的斗争，1873年8月，公共租界工部局在当时一个英国人造的一座要收过桥费的"威尔斯桥"的西侧不远处，建造浮桥一座，免收"过桥税"。此桥1906年拆除，改建铁桥，次年竣工。原称外摆渡桥，因过桥不交钱，"白渡"苏州河，"摆渡"与"白渡"谐音，故今称"外白渡桥"。

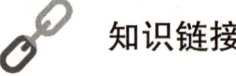 **知识链接**

桥梁检定

是指为保证运输安全,对桥梁进行调查研究、系统掌握其使用状态、制定运用条件、并提出养护或加固措施的工作。桥梁检定也为积累技术资料,完善桥梁计算理论,加强科学的技术管理及提高桥梁技术水平创造条件。

桥梁检定的主要工作内容有:①确定桥梁的承载能力,制定其运用条件;②进行桥梁孔径和冲刷检算,判断桥梁的抗洪能力;③分析桥梁的病害,提出养护措施和整治意见;④对交付运营的特大桥、新型桥和加固后的桥进行竣工检定,以检验设计和施工的质量和效果。

对旧桥的检定,一般以检查、检算为主,辅之以试验,而对新桥的检定则以试验为主。通过检查、检算和试验,所决定的桥梁承载能力称检定承载能力。如果检定承载能力大于国家规定的标准活载,或大于实际运行的活载,则桥梁满足运营的要求,可继续使用;如小于运行活载,则桥梁应进行加固,甚至改建。

一根钢轨到南京

"咔嚓、咔嚓"这个描绘火车行驶时特有声音的词汇,经常出现在各种文艺作品中。当您作为一名旅客乘坐在火车车厢里,听着这个带着节奏的声音,就会产生一种联想,那是正在奔向目的地的憧憬,甚至还会催人进入梦乡。这个带着节奏的声音来自火车机车车辆的车轮对两根钢轨连接处,即对钢轨接头轨缝的撞击。铁道的钢轨从轧钢厂出厂时是有一定标准的,除了它的断面呈"工"字形以外,钢轨的种类是以每米钢轨的重量来表示的。中国铁路的钢轨有 70、60、50、43 千克/米等品种,标准钢轨的长度是 12.5 米和 25 米。在学生时代,有一位铁路员工还告诉过我这样的生活经验:当时钢轨的主要品种是 43 千克/米,长度为 12.5 米的标准轨,当你在夜间坐在火车车厢里的时候,看着手表,听着从轨道上传来的"咔嚓"声，就可以知道火车行驶的速度。因为80个"咔嚓"声就意味着车轮滚过了80个钢轨的接头，就是1千米。如果此时表上显示的时间正好是60秒，即1分钟，你就依此进行计算：1千米/1分钟＝x千米/60分钟，答案是60千米/60分钟。也就是说，你所乘坐的火车的速度为60千米/小时。

然而，钢轨的接头却是轨道结构的薄弱环节。列车通过接头时，会产生很大的冲击力，对轨道结构具有一定的破坏作用。通过的车辆振动加剧，其使用寿命缩短，车辆修理费用增大。养护钢轨接头区所需的费用，也约占了线路养护费用的35%。但是钢轨接头的缝隙，不仅是两根钢轨连接时的客观存在，更重要的作用是钢轨伸缩的需要。因为热胀冷缩是金属显著的特性之一。地球上绝大多数地方都有春夏秋冬四季的变化，当地的气温也因此会随之发生变化，如果没有接头缝隙，当天气炎热，气温升高，钢轨热胀时，就会把两根钢轨的接头处顶起来，轨道结构也会因此变形，危及列车安全。如何既做到减少钢轨的接头，又能妥善地解决钢轨的热胀冷缩问题，铁路的无缝线路技术应运而生。

"无缝线路"是指把钢轨焊接起来的线路。目前，一般的方法是在焊轨厂里，把25米长的标准钢轨，10根一组焊接起来，成为一根250米的长钢轨。它的焊接方法是在两根将要被焊接在一起的钢轨里，通上大功率的直流电，然后用力将两个被焊钢轨的端头进行撞接。在撞接的瞬间，分别通在两根钢轨里的直流电"短路"了，产生了超高温火花，使两个端头的温度迅速地升高而发红发软，如同铁匠炉里刚刚拿出来的烧得通红的铁棒。再继续加压撞击后，两个钢轨接头就紧紧地连接在一起了。接头处有"肥边"鼓出，用刀按照钢轨的横断面，把"肥边"切除后，两根钢轨就完全融为一体了。这种工艺叫作电接触焊接，把一根根焊成了250米的长钢轨，装上专用的长轨列车，运往施工现场。

在工地上，把这些250米长的长钢轨，通过气压焊的工艺，根据事先设计的要求，进一步焊接相连。用长钢轨相连起来的钢轨叫轨条，它是否可以无限制地连接下去呢？钢轨热胀冷缩的问题又重新被提了出来。为了解决这个问题，铁路员工在测定了各地的气温和轨温后，确定了铺设长轨条的"锁定轨温"。一般说来，当地的最高轨温比最高气温还要高20 ℃，而最低气温则与最低轨温大致相同。最高轨温与最低轨温的平均值为中间轨温。技术上一般把中间轨温作为锁定轨温的重要依据，以上海为例，其最高轨温为60.3 ℃，最低轨温为-12.1 ℃，中间轨温则为24.1 ℃。

无缝线路又分为温度应力式和放散应力式两种。温度应力式是由一根长轨条及其2~4根标准轨所组成。长轨条通过特殊的弹簧扣件，牢牢地被固定在轨枕上，加上道砟的阻力，两端自由伸缩受到一定限制，中间自己伸缩完全受到限制，不论气候如何变化，它都不能"动弹"。于是，在钢轨内产生了温度力，称为温度应力，其大小随着轨温而变化。当然，我们用肉眼是看不出来的。

无缝线路有时是需要把它的温度应力加以释放的,这叫放散应力,就是线路通过大桥时用的钢轨伸缩调节器,是一种自动释放钢轨温度应力的装置。也有在不同的轨温条件,松开长轨条固定在轨枕上的扣件,让它自由伸缩,放散内部的温度应力,在一定的轨温条件下,再把扣件全部扣紧。

随着科学技术的不断进步,铁路员工已经通过加大轨枕的重量,增加扣件的强度和取得无缝线路与车站道岔的绝缘联结及焊接技术的突破等措施,实现了超长无缝线路的铺设。目前,国内最长的一根钢轨铺设在从上海到南京的超长无缝线路上。那种"咔嚓、咔嚓"带着节奏,催人入睡的轮轨撞击声,已经基本消失了。

(钱平雷)

洋山港和东海大桥

上海是座海港城市,京剧《海港》里的剧情就是围绕上海港里发生的事情来展开的。但是确切地讲,上海港的港口码头并非真正在海边,而是在我国第一大江——长江最下游的一条支流黄浦江及其岸线上。上海这座城市就是依托长江和海岸线交会的天然地理位置发展起来的。所谓"以港兴城,港为城用",讲的就是这个道理。至今为止,上海港仍旧是我国的第一大港。改革开放以来,国家把上海定位为经济中心、金融中心、贸易中心、航运中心的国际城市。其实这4个中心是相辅相成,互为依存的。但是作为上海人母亲河的黄浦江却因为它的地理位置阻碍了上海成为国际航运中心的地位。正是"成也萧何,败也萧何。"本来黄浦江既是内河又靠大江大海,船舶停泊、装卸货物、办理手续很是方便,外滩的海关、金融街、写字楼等建筑群也是港口业务发展的结果和见证。但是全球航运的格局起了根本的变化，集装箱运输已经成了海上运输的主角，一代一代的集装箱船不断刷新吃水深度的纪录。到如今，能装5 000只标准箱、吃水13～15米的超巴拿马集装箱船，即所谓第5代集装箱船，已经成为主流船型。而我们黄浦江的前方长江口，由于上游泥沙积淀，形成了一道"拦门沙"。即使是涨潮时，也只有9～11米深的航道。有专家建议，模仿美国密西西比河，采用挖掘的方法，使它达到13～15米，但时间和工程量已经不允许了。因为到了2005年，上海再不建成15米的深水港，东北亚如韩国的釜山、日本的神户和我国台湾省的高雄的深水港将对上海提出严峻的挑战。上海将有95万标准箱要到釜山、神户去中转。所谓国际航运中心的核心问题就是集装箱深水枢纽港，与枢纽港配套的港口叫支线港、喂给港。上海如果没有深水枢纽港就会沦为支线港、喂给港，这是关系我国持续发展的大事啊！为此，交通专家在上海周边寻找可以建设深水港的港址。吕四、金山卫、舟山等地都曾是选址的对象。经反复比较，大、小洋山被定为建设深水港的港址。

2002年洋山港正式动工。它的第一期工程是5个集装箱泊位，年吞吐量为220万标准箱。第五六代集装箱船为主要停泊船型。远期规划还要建设50多个大型集装箱泊位，深水岸线长达20多千米，年吞吐量在2 500万标准箱以上。讲到这里，人们自然会想到港口的功能是装装卸卸，它后面如果没有腹地，岂不是无米之炊，无本之源吗？上海市就是它的后方集散地。然而，洋山港到上海最近的地方——芦潮港还有30多千米的距离呢！东海大桥因此就应运而生了。东海大桥全长31千米，是我国第一座特大型跨海桥梁，也是当今世界最长的跨海桥，在中国的建桥史上这是空前的大事件。它的工程量、建桥方法与陆地上造桥是不可以同日而语的。全长31千米的东海大桥还可以分为陆上段、跨海段和港桥连接段。其中最艰巨，但也最精彩的是25千米长的跨海段。它有4个通航孔，其中主通航孔是在一座全长830米的斜拉桥下。这座斜拉桥的倒"Y"形主塔高达148米，跨度为420米。离海面净高40米，相当于10层楼，可通过世界上最高吨位的集装箱船。为了保证大桥的安全，设计者做了许多试验和计算，打了9 000多根钢管桩，最长的桩达到60~70米。此桥可抗7级地震和12级台风。设计期望寿命为100年。

　　由于是海上施工，许多施工工艺也是很有独创性的。它的许多桥墩不像陆上造桥是现浇混凝土，它们是在离洋山岛14千米的一个叫沈家湾的地方预制的，每个桥墩由若干个预制的单墩体装配而成。一个单墩体高8~10米，重约270~350吨，由驳船从预制场拖运到现场，由1 000吨的浮吊进行吊装。海上吊装受风浪影响，既要有技术，又要有保证措施。用这种方法建设的桥墩达640个。这里的桥面板，也就是它的梁，是一种箱形梁，每跨左右各一片，也是预制的，每片长60~70米，宽

15.25 米，重 1 800～2 100 吨，高达 3.5 米。这样的梁有 666 片之多，每一片形成的面积有 1/6 足球场那么大。由于它是箱梁，施工期间，工作人员可以在里面生活休息，完全像一间大屋子。以上数字足以说明其工程量之大。这座桥梁还是港区与陆上水、电和通讯的生命线。大桥将在 2005 年通车。

芦潮港是一座新兴的海港城市，铁路、高速公路将纷纷通往这里，与东海大桥一起共同构筑综合交通的枢纽，多式联合运输的优势在这里将得到充分发挥。尽管东海大桥的形体是高大的，但与它的长度相比，又显得细长。如果把洋山港比作龙头，芦潮港比作龙尾，东海大桥岂不就是横卧在东海万顷浪中的龙身吗？

（钱平雷）

钢轨的"B超"

"B超"这个名词,越来越为人们所熟悉,它的学名叫"脏器切面成像法",是超声波在医学检测中的一种应用。说到超声波,就要先弄清楚什么是声波:它发源于发声体的振动,我们人的嗓子、东西的互相撞击,都可以发出声波。声波传到人耳时,会引起鼓膜的振动,刺激听神经而产生听觉,但不是所有的声波都能听得见,频率高于20 000赫兹的声波叫超声波,频率低于20赫兹的声波叫次声波,这两类声波人是听不见的。只有在这两种声波之间的声波,人才听得见,故称可听声波。超声波有许多特有的功能,在实践中应用极其广泛,医学诊断就是其中之一。它可以在人毫无痛苦的情况下检查肝、胆、胰、脾、肾等器官。

一根钢轨看似简单,里面的文章却是无穷无尽的。

它也与人一样,会因为先天不足而"残疾",也可能因疲劳过度而"生病",或者是肉眼无法判断的"亚健康"状态。对它的及时检查,可以防止隐患,同时在检查过程中对它原有的品质和性能又不能产生丝毫影响。超声波是否也能发挥这样的作用呢?

钢轨究竟会有什么疾病呢?首先它有先天不足的问题。钢轨在轧制过程中有气泡或杂质,会在钢轨表面形成一条或多条的线纹。机车车辆在上面反复碾压,就会形成纵向裂纹。其次,所谓"核伤"是引起钢轨断裂的根源。核伤的开始,仅仅是钢轨内部的"白点"。白点实质是钢质中极微小的裂隙,在列车巨大的动载作用下,它"疲劳"了,由白点变成了"核伤",并在"疲劳"的状态下,核伤扩大,达到一定面积后便突然断裂。由于它是不接触氧气的,核伤呈白色,故称"白核"。如果疲劳源是在钢轨表面,它与空气接触而氧化呈黑色,就称"黑核"。另外,轨腰的螺栓孔裂缝、长钢轨焊接缺陷等都是导致钢轨断裂的原因。不言而喻,及时发现上述隐患,进行整治或更换是防止钢轨断裂的有效途径。

▼ 白核

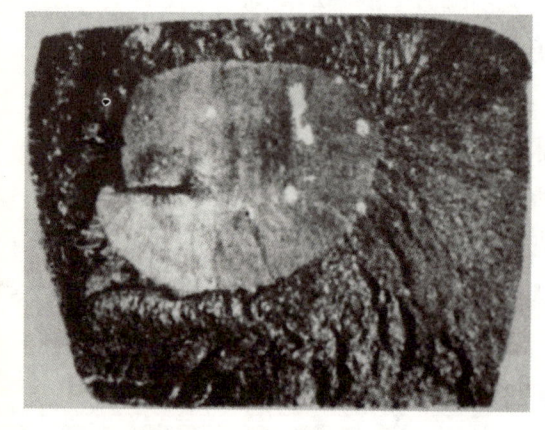

我国目前最普遍使用的是手推式超声波探伤仪。由专职技术人员在一根钢轨上推着一辆装有超声波探伤仪器的小车,小车的后上方有

一个荧屏,其基本原理是利用声波在不同介质中传播的特性。探伤仪上安装有不同角度的探头,分别检查不同部位的损伤,如50角度的探头,用来发现轨头内的核伤或横裂缝;30角度的探头可探轨腰及螺栓孔损伤;垂直探头发射纵波,可探轨头、轨腰、轨底的水平裂纹。用 20 万赫兹的声波射入钢轨中,遇到钢轨有损伤时,反射回来的信号就异常,可以判断出伤痕的大小和位置。铁路的线路是用成百上千千米来计算的,人工推行的速度是可想而知的,于是就用上了钢轨探伤车。这种车辆装有自动记录设备,能把钢轨损伤信号、里程信号(钢轨位置)和线路特征信号(桥梁、隧道、接头等)记录在同一纸带上,还可以推算出钢轨损伤的发展速度和规律。这种车辆可以挂在列车后面,以 60 千米 / 小时的速度进行检测,但是目前列车以 60 千米 / 小时的速度行驶是越来越少了,尤其是出现了高速铁路,时速在 200 千米 / 小时以上,对钢轨探伤的速度也提出了挑战。日本东海道新干线使用的"电气轨道综合检测列车"运营速度达到了 240 千米 / 小时。

用超声波对身体检查和钢轨检查,看上去是"隔行

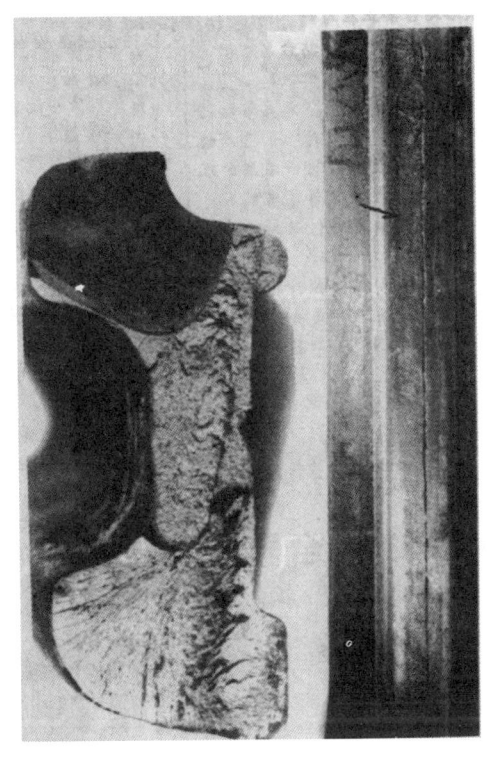

▲ 铁轨纵裂

如隔山",可实质上却是"隔行不隔理",有着异曲同工之妙。

(钱平雷)

普通名词"轨道"和学术名词"轨道"

"轨道"在一般词典中,除去指代行星在宇宙中运行或者原子运动有一定规律的轨迹等虚拟的路线外,在实际生活中是以"用条形的钢材铺成的,供火车、电车等行驶的线路"来定义的。而在铁路术语中,"轨道"是"铺在路基上,由钢轨、轨枕、联结零件、道床(石砟)以及道岔等组成,用以直接支承机车车辆和引导机车车辆运行的结构物"。两者的解释还是有区别的。

旅游交通学

旅游离不开交通，这个道理恐怕只要对旅游有个概念或者有过旅游经历的人，都会表示赞同。在旅游学这门学科中也把交通与住宿、饮食、游览、购物、娱乐放在一起，称为旅游六大要素。

"旅游交通学"从字面上来看应该是旅游与交通两门学科的交叉，这样理解有一定的道理，因为许多交通项目有其旅游价值，如武汉长江大桥、南京长江大桥、上海南浦大桥、杨浦大桥等交通建筑都是当地著名的旅游胜地。上海的磁悬浮列车在试验阶段也是以旅游项目身份出现的。但如果仅仅在这个层面上理解旅游交通学就欠缺了，因为它是多门学科交叉而成的一门边缘学科。它的内涵还可以从狭义和广义两个角度来进行理解。我们把旅游界对旅游交通线路的策划和组织定义为狭义的旅游交通含义。第一是从各地到达旅游目的地的交通，在"交通学"中也俗称为"大交通"。它包括铁路、中长距离的公路、航空和水路。由于从旅客出发地到旅游目的地有几百千米、几千千米，甚至上万千米，旅客运送一般是长途运输，而且往往不是一种运输方式就可以奏效的，需要两种或两种以上运输方式混用，应该用综合运输的思路来配置大交通，以快捷、经济、舒适、安全为目标来比较，达到最优化。一般有以下几种模式：

汽车—火车方案
家门 —汽车→ 出发地火车站 —火车→ 目的地火车站 —汽车→ 旅游目的地

汽车门到门方案
自备车　家门 —汽车→ 旅游目的地
社会车辆　家门 —社会车辆→ 长途车集散地 —长途车→ 旅游目的地

航空—汽车方案
家门 —汽车→ 出发地机场 —飞机→ 目的地机场 —汽车→ 旅游目的地

上述形式当然不是绝对的，中间可以插入其他形式的交通，如机场离旅游目的地还很远，还可以坐火车或轮船等形式的交通工具。第二是旅客到达旅游目的地后，从住宿的旅馆到各景点的交通，"交通学"中称为小交通，一般就是大客车、面包车、小轿车和游船等短距离的运输。第三是旅游景点里面的交通。严格地说，这已经超出狭义旅游交通的范畴了，如登山用的缆车、代步观光用的电瓶车等设置，都属于这类交通。这已经进入广义旅游的含义。对这类交通项目的研究，不仅应有交通、旅游专业工作者，还应有建筑、机电、园林、经济、信息等专业的人士参与。以园区内的道路为例，就有许多说法。道路本身要按功能分级，有供外来车辆通行和停泊用的普通道路，也有供游人观光散步的小道，更有两者功能兼有的道路等。像这种多学科共同作用的项目，绝不是简单地叠加在一起，而是你中有我、我中有你、非你非我的新的融合，必须有一种理论来进行组织和指导，这门理论就是旅游交通学。"旅游交通学"涉及了多门学科，作为一个专业工作者，不可能同时掌握如此众多的学科。但是上述学科又是交织在一起的，如何融合就是学科交叉创新的关键，运用包括系统论、控制论、信息论等基本理论在内的广义系统论作为融合不同学科的共同理论基础，运用系统工程的思想作为具体实施的管理手段，就是旅游交通学诞生的理论依据。

　　交通对于旅游的作用是不可缺少的，甚至是生死攸关的，如某旅游风景地的建设，由于事先没考虑从客源地到当地的运输问题，到建成才发现已经来不及补救，导致10亿元的投资变成一堆废墟。在大城市建立旅游集散地和为某一山水风景区多个景点策划一个公共交通系统，使各个景点的作用得到充分发挥，都属于旅游交通学这门边缘学科研究的范畴。

(钱平雷)

> **交叉科学**
>
> 由不同学科互相渗透而形成的新兴科学，是科学发展的综合形式。它包括：边缘科学（如本文的旅游交通学）、横断科学（如控制论、信息论、系统论）、综合科学（如材料科学、环境科学）。它的兴起，反映了现代科学发展的整体化趋势。

轨道列车的双腿——转向架

轨道列车中的每节车辆都有两条"腿"。轨道列车的车辆是依靠这两条"腿"在轨道上行驶的。如果说人在行走时,脚与地面接触的是脚底板,那么,轨道列车车辆与钢轨接触的是车轮,它们的"腿"指的就是转向架。

轨道车辆的转向架是指把两个或多个轮对用专门的构架连接所组成的一个小车。一个轮对是由左右两个车轮与连接它们的一根轴所组成。每节车辆坐落在它两端的两个转向架上。由于这种转向架结构有许多明显的优点,现在大多数轨道车辆的走行装置都采用转向架的结构形式。

转向架是支承车体并确保车辆沿着轨道走行的支承走行装置。为了便于通过曲线,在车(厢)体和转向架之间设有心盘或转轴,它们的作用是让转向架可以绕着某一中心轴相对车体转动。由于车辆的用途、运用条件与要求的不同，所采用的转向架结构也各异，类型很多，它们的基本组成部分和主要功能却是相同的。一般说来转向架由下列几个部分组成：

构架。构架是转向架的基础，通过它，转向架的各个零部件组合成为一个整体，而且它的结构、形状和尺寸都应满足零部件组装的要求。

轮对轴箱装置。轴箱与轴承装置是联系构架和轮对的活动关节，使轮对的滚动转化为主体沿着轨道的平动。轮对沿钢轨的滚动，除传递车辆的重量外，还传递轮轨之间的各种作用力。

弹性悬挂装置。为减少线路的不平顺和轮对本身的运动给车体带来的各种动态影响，转向架在轮对与构架、构架与车体之间，设有弹性悬挂装置。弹性悬挂装置包括弹簧、减振、定位装置。

1—轮对轴箱弹簧装置；
2—构架；3—摇枕弹簧装置；4—纵向拉杆；
5—基础制动装置。
▼ DK₃型地下铁道客车转向架

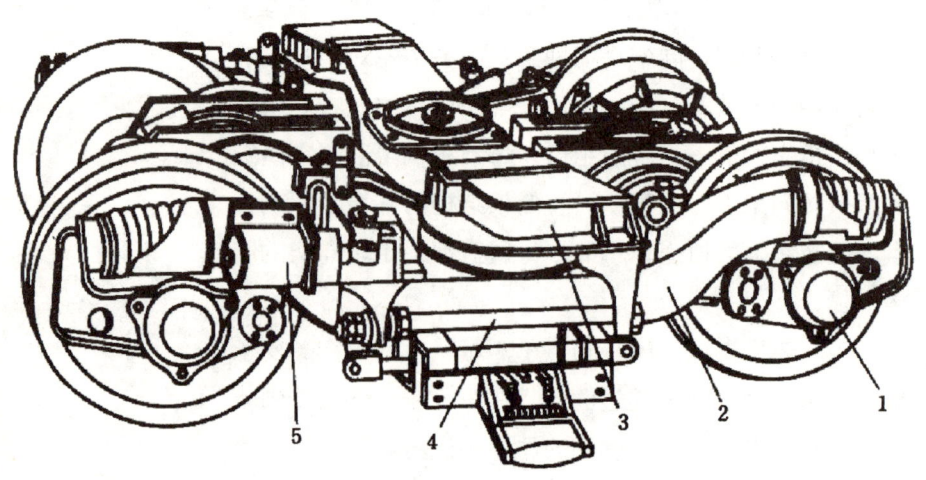

制动装置。所谓制动就是我们俗称的"刹车"。为使运行中的车辆在规定的距离范围内停车，必须安装制动装置，它是保证列车安全运行必不可少的装置。制动装置除常规的（压缩）空气制动装置外，还有再生制动、电阻制动和磁轨制动等。

▲ 法国 RX656 带橡胶轮地铁转向架

转向架支承车体装置。列车转弯时，车厢与转向架联结部分的结构应能满足安全可靠地支承车体的要求，并能传递各种载荷的作用力，同时车厢与转向架之间应能绕着不变的旋转中心相对转动，以使车辆顺利通过曲线。一般转向架支承车体的方式有心盘集中承载、非心盘承载和心盘部分承载 3 种。

城市轨道车辆转向架又可分为动力转向架和非动力转向架两种。动力转向架上有牵引电机和减速箱等装置。现在，上海地铁的每节车厢下装有两台转向架，对于有动力的车厢装上动力转向架，拖车则装有非动力转向架，两者的区别为动力转向架上装有两台牵引电机和减速装置。

为了提高地铁车辆运行中的平稳性，最大限度地降低转向架在运行中所产生的轮轨噪声，法国巴黎地铁还采用了带橡胶轮转向架。这种转向架的结构特征为，在轮对的左右两个钢轮的外侧再设置橡胶轮胎，在转向架两组轮对的外侧装设用于导向的小橡胶轮。相对应地在两钢轨的外侧装设"工"字形供橡胶轮走行的滚道，滚道的水平面与轨面平齐，另外，路的两侧与导向小橡胶轮对应位置还要安装侧向导向轨，以供转向架走行与导向之用。

作为城市轨道交通，曲线半径要比干线铁路小得多。20年来，一种新的系列转向架——径向转向架技术迅速地发展起来。径向转向架能保证具有足够的直线运动的稳定性，使轮对的轴线尽量指向曲线轨道的半径方向，减少轮缘（车轮构造中的凸出部分，与钢轨轨面边缘互相卡住，防止车轮行走中脱离钢轨）和钢轨的磨耗，降低动力消耗和过曲线轨道时所产生的轮轨的摩擦噪声。径向转向架作为新技术具有较大的技术经济意义，特别适宜于小半径曲线的线路上车辆运行的要求。

（曹炳坤）

地铁内的"巨型空调"

地下铁道是城市中的现代交通工具。在北京、上海等大城市，人们乘坐地铁已经习以为常，乘坐地铁的人也越来越多。人们去乘坐地铁，是从地铁出入口处进入地铁车站的。人们一定会发现，地下铁道的车站和区间隧道除与出入口处等极少部位相连通外，庞大的地下窨（井）四周是封闭的，基本上与外界隔绝，因而空气理应不很流动。另外，地铁列车各种设备的运行和众多乘客的来来往往，都将释放出大量的热量和各种废气，若不及时排除，势必将使车站和区间隧道的温度不断上升，里面的空气将会变得更为污浊。但是，当人们从地铁出入口处进入地下后，并不感到胸闷难受，在地下铁道的地下空间里，污浊空气是如何被排除的，新鲜空气又是从何而来的呢？

地下铁道的产生至今已有 140 多年的历史。早期国外修建的地铁工程，大多采用自然通风方式，即利用地面风，通过列车的活塞风等来与地面空气进行交换。所谓列车活塞通风，是由于列车在隧道中高速行驶，如同活塞作用，使列车正面的空气受压，形成正压，列车后面的空气稀薄，形成负压，由此导致了空气流动，这种原理的通风称之为活塞效应通风。但这种通风方式的效率不高，通风效果也不好。现代修建的地铁工程，就应考虑及时排除车站内的污浊空气，给乘客创造一个舒适的环境。发生火灾事故时，应提供有效的排烟手段，给乘客和消防人员及时输送足够的新鲜空气。为此，修建地铁工程时，需要在地下车站内设置环控系统，即通风与空调系统。

实现地下铁道通风，必须具备一系列的通风设备和通风建筑物。通风建筑物包括地面风亭、风道、风机室、消音室等。

地面风亭。建在地面的风亭是通风道在地面出入口部位的建筑物，它既是地下铁道的通风处所，也是排出废气的设施。应尽可能将其建在绿荫之中，亦即尽可能处在卫生条件较好的地带。通风亭上部为通风口，风口外面设金属百叶窗。风亭的平面形状通常为正方形、正六边形或圆形。金属风窗离地面的高度应不小于 2 米。地面风亭的设置点及其外观尽可能与周围环境相协调。

风道。风道为连接隧道及地面风亭的通道。风道断面一般为 4 米见方。车站通风道的数量取决于当地条件、车站规模、温湿度标准等因素，按环境控制的要求计算确定。地下车站一般设有2个通风道。如果地下车站附设有地下商场等公用设施，则应根据具体情况增设通风道。

风机室及消音室。风机是地铁里送风和排风的设备。风机室一般设置在靠近区间隧道或车站隧道的风道内，本身就是风道的扩大部分。若在风机室内安装两台风机，最方便的办法是前后交错设置；若并排安设，则两侧都必须设置过道。为消除风机的噪声，应设立消音室。对于浅埋车站，风机室两端均应设消音室。

（曹炳坤）

站台上警戒线的由来

乘坐火车或地铁的人都会发现，在靠近轨道的站台边缘上，有一条用醒目颜色标出的警戒线，它告诫人们：在列车通过车站时或是列车进出站未停妥时，千万别越过这条警戒线。在站台上标出醒目的警戒线是因为20世纪发生的一件极其罕见的火车惨案。

20世纪初一个冬天，莫斯科至西伯利亚的一个小站上，站长率领一批随从，迎接俄国沙皇派往西伯利亚的一位钦差大臣。他们为了表示对沙皇的忠心，列队站在铁路两旁，有的甚至爬上路基，夹道欢迎钦差大臣的路过。不久，火车果然驰来，但它并未因有人欢迎而减慢速度，仍是风驰电掣般呼啸而去，站台上的人好像被人猛推一下，不由自主地向前倒去，结果大多数人丧生，几个幸运儿也是终身残疾。

惨案发生后，俄国上下震动，纷纷要求严惩肇事的凶手。但是，办案人员虽多方调查，仍一无所获，后在科学家的帮助下，运用瑞士科学家伯努里所发现的定理，找到了事故发生的原因。原来，当火车高速前进时，如人离火车较近，火车便会在人的身前身后产生不同的压力。由于身前的空气流动得较快，身后的空气流动得较慢，这在人身上产生的压力差竟可高达几十公斤。这就是为什么快速列车开过时，人容易向前倒下去的原因。自此以后，人类便知晓了火车驶过，人要防止被火车吸进去的科学道理。

近几年来，我国铁路已多次提高了运行速度。现在，最高运行时速已可达到160公里，有的甚至高达200公里。这样高的速度更容易发生交通事故，需要引起我们的高度警惕。今后，面对风驰电掣般的快速列车，我们应与它保持一段距离。我们在车站候车时，必须站在钢轨外侧面3米以外的地方，也就是站在站台警戒线以外的地方，以避免不幸事故的发生。

"火车跑得快,全靠车头带"

高速列车想多拉快跑,关键在于牵引动力的形式和实施方法。

高速列车的牵引方式有动力集中型与动力分散型两种模式。

动力集中牵引方式的高速列车,是将大部分动力机械与牵引设备集中安装在位于列车两端的动力车——即机车上,机车又称火车头。常言道:"火车跑得快,全靠车头带",指的就是这种牵引方式。机车的动力转向架上装有牵引电机,并驱动轮对牵引列车前进。列车是由客车拖车和机车组合而成的,客车拖车的转向架轮对没有动力,客车拖车仅用于载客,而机车是不载客的。早期法国的 TGV 列车和德国的 ICE 列车都是动力集中式的高速列车。例如,德国的 ICE 高速列车由 16 节车厢组成,其中 2 节机车位于整列车的两端，其余 14 节均为不带动力的客车。法国 TGV 列车由 12 节车厢组成，除整列车两端的转向架上装有牵引电动机以外，与首尾相邻的第二节或倒数第二节的靠近机车的那一台转向架上也装有牵引动力装置，也就是全列车共有 6 台转向架为动力转向架，共装有 12 套牵引电动机。动力集中方式的优点是，牵引动力装置集中安装在 2~3 节车厢上，检查维修比较方便，电气设备的总重量小于动力分散的电动车组。动力集中方式的缺点是，带动力车厢的车轮受到的重力即所谓轴重较大，运行时对线路不利。

以动力分散方式驱动的高速列车是指将全部动力机械与牵引设备吊挂安装在车辆的地板下面，牵引电机安装在列车的全部或部分转向架上，使全部或部分轮对成为列车的驱动动力源，列车的全部车厢都可载客。动力分散的电动车组一般由 2~6 节车厢联挂成一组，其中有的是几节车厢为带牵引电动机的动力车，也有的是每节车厢都带有牵引电动机的动力车。日本的高速列车采用的是动力分散的电动车组。我国城市轨道列车大都采用电动车组。北京地铁列车两节一组，每节都带有动力就是典型的动力分散布置的电动车组。上海地铁列车也是采用动力分散式的电动车组。动力分散的电动车组的优越性是，若干套牵引动力装置分布在列车的不同位置上，能够实现较大的牵引力，编组灵活。由于采用动力制动即刹车的轮对多，制动效率高，且调速性能好，制动减速度大，列车前后冲动小，适用于限速区段较多的线路。另外，列车中一节动力车的牵引动力发生故障对全列车的运行影响不大。动力分散的电动车组的缺点是，牵引设备数量多，总重量大。

牵引电动机是电动列车的动力源。由于交流牵引电动机比同样功率的直流电动机重量轻、体积小，维修工作量也较直流电动机大大减少，因而，日本、德国、法国等国高速铁路电动车组，无论是动力集中型或是动力分散型，以往采用的直流牵引电动机都已被交流牵引电动机替代，使高速电动列车的牵引动力指标更加先进。

▲ 法国的 TGV 列车

（曹炳坤）

 知识链接

牵引电动机

即在机车或动车上用于驱动一根或几根动轮轴的电动机。牵引电动机有多种类型，如直流牵引电动机、交流异步牵引电动机和交流同步牵引电动机等。直流牵引电动机，尤其是直流串励电动机有较好的调速性能和工作特性，能适应机车牵引特性的需要，获得了广泛应用。

牵引电动机的工作原理与一般直流电动机相同，但有特殊的工作条件：空间尺寸受到轨距和动轮直径的限制；在机车运行通过轨缝和道岔时要承受相当大的冲击振动；大、小齿轮啮合不良时电枢上会产生强烈的扭转振动；在恶劣环境中运用，雨、雪、灰沙容易侵入等。牵引电动机在设计和结构上也有许多要求，如要充分利用机体内部空间使结构紧凑，要采用较高级的绝缘材料和导磁材料，零部件需有较高的机械强度和刚度，整台电机需有良好的通风散热条件和防尘防潮能力，要采取特殊的措施以应付比较困难的"换向"条件以减少炭刷下的火花等。

"小车轮"倾覆高速列车

　　火车问世 170 多年中,世界上所发生过的很多列车倾覆的重大事故都是由车轮破裂造成的。在人们的常识中,高速就意味着行车的危险性增大。然而,日本于 1964 年建设的世界上第一条高速铁路——新干线就用实践证明,高速铁路行车的安全性能还超过了普通铁路,打破了人们原来的传统观念。恰恰是在这个情况下,1998 年 6 月初,德国高速列车发生一起脱轨倾翻的重大事故,死伤数百人,这是近 50 年来德国最惨重的铁路事故,也是世界高速铁路发生的第一次重大事故。这次事故的严重后果引起各国人民和铁路界的震惊和不安。事故原因已调查证实,是列车一节车厢的车轮因内部疲劳发生断裂,导致列车脱轨倾覆。

　　列车在运行中,车轮始终承担着来自车体的载重压力、转弯时产生的向心力和离心力，运转中的车轮分分秒秒都经受着严峻的考验，车轮必须绝对牢固可靠，容不得半点马虎，否则事故恶魔会毫不留情地向列车猛袭过来。为此，火车出发前或是中途停站时，人们都可以看到铁路的检车人员手拿小铁锤，在车轮和它的相关部位敲敲打打，从敲打声中，能感觉到有无异样。如果车轮表面有裂纹，在检查中很容易被发现。可是由于种种原因，车轮的隐患往往潜伏在它的内部，连最有经验的检车人员也很难发现。当列车在快速运行时，这个车轮内部的隐患就像一颗可怕的定时炸弹，随时会发生爆炸。

科研人员经过几年努力，终于研制成功了高科技的车轮检测系统，它是用多通道超声波来检测车轮的隐患，并在计算机屏幕上成像。这套设备的作用犹似医院中的CT，能使人体中的肿瘤暴露无遗，它的功劳是可将事故消灭在萌芽状态。实践证明，它的启用大大提高了检测质量，可避免发生车毁人亡的事故。

高速铁路（时速200～350千米）是一项庞大的系统工程。它集微电子技术、机电一体化技术、新型牵引制动技术、自动控制等各种高新技术于一体，这种高新技术的组合体是保证高速列车安全运行的可靠基础。它的每一方面都不能有一点含糊和疏漏，否则造成的后果是不堪设想的。

法国高速铁路曾经受过一次事故考验。1993年12月21日，法国北部的大地上细雨蒙蒙，同往常一样，在清晨7点多，法国的7150次客车以时速近300千米通过阿伯兰库尔·普雷苏瓦车站时，司机突然感到列车震动并左右摆动，这位经验丰富的司机立即对列车实施制动，这列由10节车厢组成的列车，后半部全部脱轨，在石砟铺就的道床上滑行了2千米居然没有倾覆，整部列车依然连接良好。170多名旅客中只有一人受了轻伤，其他旅客全部安然无恙。经调查，引发这次事故的原因不在于高速铁路本身，而是由连降两天大雨所引起的地层下陷造成的。这次意外事故使法国高速列车成功地通过了一次考验，在世界上树立了良好的形象。

日本是最早发展高速铁路的国家。40年来，日本高速铁路已安全运送60多亿人次而没有发生任何人员死亡或其他重大事故，这是过去的铁路，以及其他任何一种交通工具所无法比拟的。它主要采用列车自动控制系统，在列车的前进方向，自动地进行速度控制，防止发生列车冲撞事故，保证铁路的绝对安全。与此同时，它还采取一些强有力的措施：对高速线路中过去曾发生过风灾、水害、地震等自然灾害的地段，由电脑控制台实施日常监视，发现隐患便及早采取有效措施。

21世纪是高速铁路世纪，在世界铁路向高速化迈进的过程中，确保列车运行安全是各国铁路的努力方向。当前，铁路科技发达国家正在研制和试验世界最新的综合性异常检测系统，也就是在列车中装有在行驶过程中对车辆各部分以及地上设施的重要部位进行监测的装置，一旦发现异常情况，该装置便立即通过通信网向中央计算机发出警报，以防事故的发生。这种下一代新干线被称为"具有头脑的新干线"。

（曹炳坤）

知识链接

世界高速铁路回顾

第一次浪潮：1964年～1990年

1959年4月5日，世界上第一条真正意义上的高速铁路东海道新干线在日本破土动工，经过5年建设，于1964年3月全线完成铺轨，同年7月竣工，1964年10月1日正式通车。东海道新干线从东京起始，途经名古屋，京都等地终至（新）大阪，全长515.4千米，运营速度高达210千米/小时，它的建成通车标志着世界高速铁路新纪元的到来。

第二次浪潮：1990年至90年代中期

法国、德国、意大利、西班牙、比利时、荷兰、瑞典、英国等欧洲国家大规模修建本国或跨国界高速铁路，逐步形成了欧洲高速铁路网络。

第三次浪潮：从20世纪90年代中期至今

在世界范围内掀起了建设高速铁路的热潮。

穿山入地话盾构

随着工农业、交通运输事业的不断发展,人们建造了大量的铁路山岭隧道、地下铁道、江底海底隧道等,积累了丰富的经验,使开挖隧道成为一门完整的新技术。

盾构法是修建地下隧道的一种施工方法。20世纪70年代,上海就应用盾构法修建了黄浦江第一条越江隧道——打浦路隧道。根据有关记载,早在1818年,法国工程师布鲁诺尔就观察到蛀虫在木头中钻洞时能从体内排出黏液来加固洞穴。由此得到启发,他于1825年开始用一个矩形盾构(宽11.4米,高6.8米)修建第一条水底隧道。1865年,工程师巴尔劳用一个直径为2.2米的圆形盾构在英国泰晤士河下又修建了一条隧道。

进入20世纪后,盾构法在世界上已得到广泛应用,莫斯科、纽约、圣彼得堡、慕尼黑、巴黎等城市的地下

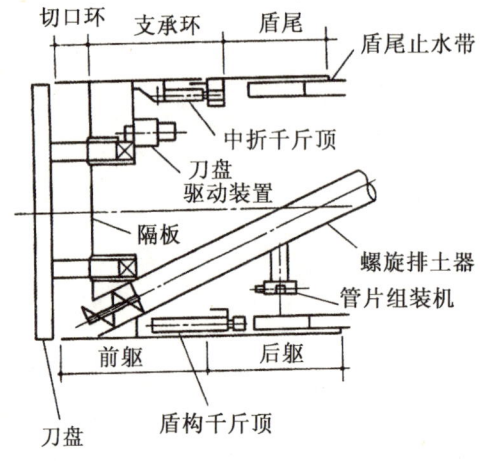

▲ 密封式盾构

铁道均用各种盾构进行施工。迄今为止，盾构法施工历经180多年的发展已日趋成熟，能适用于任何水文地质条件下的施工，松软的、坚硬的，有地下水的、无地下水的，都可用盾构法进行施工。盾构的壳体按形状分有圆形、半圆形、矩形、马蹄形等形式。由于圆形是抵抗土压、水压较理想的断面形式，故在用盾构法施工的隧道工程中数量最多；外壳为半圆形、矩形、马蹄形的盾构，因其前进阻力在四周分布不均，操纵不便，故使用较少。盾构壳体一般均是钢制圆筒体，是一个能够向前推进的大钢筒，前部装有切削用的环形

▼ 盾构法施工概貌

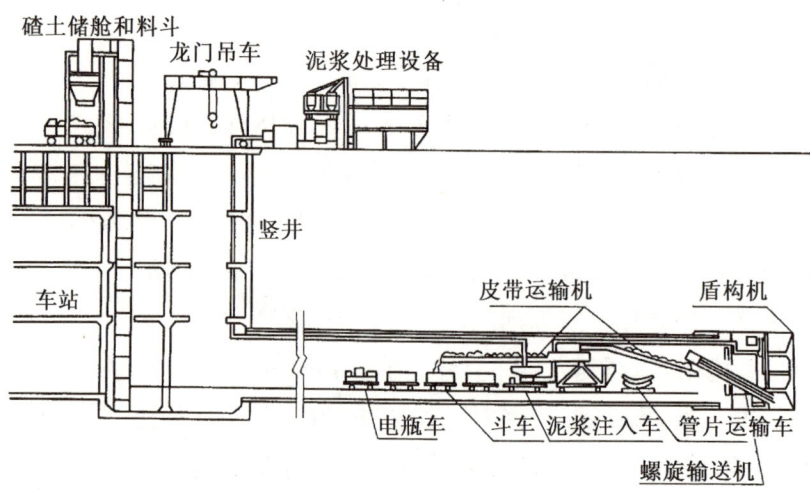

刀，在钢筒的保护下，用人工或机械办法开挖地层，并用皮带输送机将土石运出，用混凝土进行构筑隧道的护壁——衬砌，盾构依靠把衬砌的断面当作后靠的千斤顶推动前进。应用盾构法修建隧道不受航运及季节气候条件等影响，施工速度较快，对城市交通及居民生活干扰较小，隐蔽性好，特别是当隧道长度大、埋设深度深时，用此法施工更为经济合理。其缺点主要是盾构的构造及其附属设备比较复杂，造价相对较贵，施工技术要求较高等。

我国在城市隧道施工方法方面曾有矿山法和盾构法之争。实践是检验真理的唯一标准。深圳地铁和南京地铁的一期曾经选择矿山法施工，得到了很多教训，此后标准区间全部改用盾构法施工。如今，对于有关隧道施工方法的选择，众多业内人士和专家的意见已经趋向一致，即能用盾构法施工的隧道决不用矿山法，因为矿山法在施工安全、隧道质量，尤其是防水质量、施工进度和效率方面，都无法与盾构法相媲美。如今，以上海隧道公司为代表的中国盾构施工队伍已经掌握了在软土地层、软硬不均地层、硬岩地层中盾构掘进的施工技术。就盾构制造而言，我国只有

1—切口环；2—支承环；3—盾尾部分；4—支撑千斤顶；5—活动平台；6—活动平台千斤顶；7—切口；8—盾构推进千斤顶；9—盾尾空隙；10—管片拼装器；11—管片。

▼ 盾构构造简图

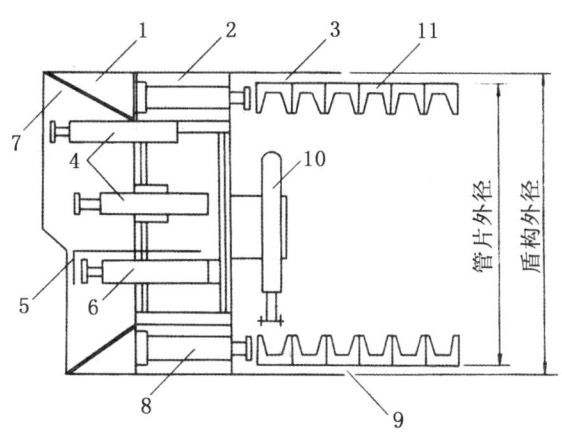

上海曾制造过多台盾构机并用于隧道施工，与日本、法国、德国、加拿大等发达国家相比，还存在很大的差距。现在国外先进的盾构机械对地层的适应性越来越广，自动化程度越来越高，直径越来越大，推进速度越来越快，开挖的空间形态多种多样，这充分标志着国际上盾构的制造和施工技术正在突飞猛进。目前，为了适应轨道交通的建设及其地下空间的开发需要，我国已从日本、法国和德国引进了技术先进的盾构机械设备，施工技术也有了质的飞跃，就软土地层盾构施工技术而言，已经达到了国际水平。

（曹炳坤）

轨道列车前进的动力

人每天需要吃饭，才能保证正常生活、工作和学习。轨道列车要正常行驶，当然也需要吃"饭"，轨道列车的"饭"就是"电力"。但是，轨道列车所需要吃的"饭"，与人所需要吃的"饭"情况有很大不同。人如果一顿不吃饭，还能维持正常生活、工作和学习，可是轨道列车一旦没有电力供应，就会寸步难行，不仅会造成城市轨道交通运输的瘫痪，而且还有可能危及旅客生命安全，造成财产损失。因此，高度安全、可靠而又经济合理的供给电力是城市轨道交通正常运营的重要条件和保证。

供应城市轨道的电源从何而来呢？它一般取自城市电网，通过城市电网一次电力系统与轨道交通的供电系统实现输送或变换，最后以适当的电流形式（直流电或交流电）和电压等级供给城市轨道的用电设备。城市电网一次电力系统由国家电力部门建造与管理，它包括发电厂、传输线、区域变电所。发电厂是发出电能的中心，一般又可分为火力发电厂、水力发电站和原子能核电站等。

城市轨道交通系统是一个重要的用电部门，为了保证轨道列车的正常运行，对轨道列车的电力供应采取双重保险的措施。这项措施规定轨道列车所需的电力是由两路独立的电源分别供电，任何一路电源发生故障、中断供电，另一路马上能保证它的全部用电。为了实现这个目标，牵引变电所的电源进路电线应来自两个区域的变电所或区域变电所的两路独立电源。当一路电源的电压偏低，不能满足要求时，另一路电源会自动投入。直流牵引变电所的数量、设置地点以及馈（供）电线数目应根据计算来确定。牵引变电所一般设置在沿线若干车站附近，相邻牵引变电所之间的距离一般为2~4千米。

城市轨道交通几乎毫无例外地采用直流供电制式，这是因为城市轨道交通运输的列车功率并不大，其供电半径（范围）也不大，因此供电电压不需要太高。此外，由于在同样的电压等级下，直流制比交流制的电压损失小，所以，世界各国城市轨道交通的供电电压都在直流550~1 500伏之间，但其档次等级很多，这是由各种不同交通形式、不同发展历史时期造成的。我国北京地铁采用的是750伏直流供电电压，上海地铁采用的是1 500伏直流供电电压。目前，我国许多大城市都在考虑建造快速轨道交通线路，选择750伏或者1 500伏供电电压，这涉及供电系统的方方面面。

　　城市轨道交通车辆通过受电器与沿线路架设的导线滑动接触。所谓受电器,生活在大城市的人都不会陌生,无轨电车的"小辫子"就是它的受电器。有轨电车的受电器在不同的城市,其形式就有差别。上海的老式有轨电车的受电器也是"小辫子",而在北京、哈尔滨等城市,有轨电车的受电器是呈弓形的,故也称受电弓。弓的最弯曲即最高点接触沿线路架设的导线——接触电电网,接触电电网按其结构形式又可分为接触轨式和架空式两种类型。接触轨式是沿着走行轨道一侧平行铺设的附加第三根钢轨,故又称第三轨供电。轨道交通列车侧面或底部伸出的受电器与第三轨接触取得电能,这种受电器称为受电靴(接触靴)。地铁直流制750伏系统一般可采用第三轨。我国北京、天津地铁和苏联地铁采用第三轨,其优点是隧道净空高度低,结构简单,造价低,其缺点是人身和防火方面安全性差,难以与采用架空式接触网的地面或高架铁道衔接。架空式接触网是架设在走行轨道上方的接触网,由电动列车顶部伸出的受电弓与之接触取得电能。我国广州地铁线和上海地铁线的电流受流方式采用架空线。架空接触网较安全,还可与城市市郊快速铁道直通运转,但运行维护工作量大,运行费用高。

　　在直流牵引供电系统中,牵引电流并非全部由钢轨流回牵引变电所,而是有一部分由钢轨杂散流入大地。这种地下杂散电流又称为地下迷流。走行钢轨中的牵引电流越大或钢轨对地面绝缘程度越差,地下迷流也就相应越大。地下杂散电流分散流入大地,并在某些地方重新流回钢轨和牵引变电所,在走行钢轨附近埋有地下金属管道、电缆和任何其他金属结构件时,一部分地下杂散电流就由导电的金属件上通过,使金属物体温度升高,加速了金属物体的腐蚀和损坏。为了解决地下迷流造成的迷流腐蚀问题,可以采取增加轨道与大地间的绝缘、缩短变电所之间的距离,以及让金属管道远离轨道线路等措施来减少轨道电流泄漏到大地。即使已经有流入地下金属物的电流,也可在回流点处专设电流通道直接流回变电所,不形成腐蚀阳极区。

(曹炳坤)

地铁列车的指挥系统

毛泽东有词云:"赤橙黄绿青蓝紫,谁持彩练当空舞。"遥看千姿百态、色彩斑斓的地铁、轻轨列车在高架、地面或地下轨道上穿梭而过,人们不禁要问:是谁在保证列车的快速、安全运行?事实上,要保障快速列车有序运行和绝对安全,光靠司机的操纵是远远不够的,必须依靠高效率的自动控制系统。

行车安全的最大威胁来自两列车的对撞或者是追尾,对于城市轨道交通而言,由于都是复线双向分别运行,一般不会发生对撞事故,应该防范的重点是追尾。为了避免追尾事故的发生,管理人员将每一条轨道交通运行线路划分为若干个区段,称之为"闭塞区间"。在每一个闭塞区间里只能行驶一列列车。这就离不开准确可靠的信号系统和指挥系统。

传统的信号系统，以地面信号的显示传递行车命令，由司机按行车规则操纵列车运行。即通过设置在地面的色灯信号机来传递不同的行车命令，如绿灯信号表示可以全速通过，黄灯信号表示可以慢速通过，红灯信号则表示禁止通过，应立即停车。这种制式基本上依赖司机来保证行车的安全，而且不同的灯光所代表的不同速度范围也完全依赖于司机的掌握，远不够精确和严密。

城市轨道交通的信号系统是保证列车运行安全和提高行车效率的重要设施。由于城市轨道交通的行车密度高，站间距离短，对列车运行的安全性和自动化程度也有更高的要求。传统的信号系统已不能适应城市轨道交通的发展，必须用一种能实现列车速度自动控制和列车运行间隔自动调整的新的信号系统来替代，这就是列车自动控制系统（automatic train control system，简称ATC）。ATC系统取消了传统的地面信号，将车载信号作为主体信号，信号的含义发生了质的变化，传递给列车的是具体的速度或距离信息，根据与先行列车之间的距离和进路条件，在车内连续地显示出容许的速度信息，或按设定的运行条件达到该容许速度的距离信息。根据上述信息列车自动地控制运行速度，进行超速防护，以达到自动调整行车间隔的目的，同时可实现列车在车站的程序定位停车。

ATC信息的传输，视城市轨道交通制式而异。地铁、轻轨等可以借助钢轨作为传输信道，用轨道电路来传递速度信息，目前我国已建成的地铁、轻轨，基本上都采用这种方式。对于不敷设钢轨的轨道交通，如跨座式单轨交通，即车辆是"骑"在一根大梁上行走的（如重庆市单轨交通）、国外的新交通系统（北京机场将安装），或采用移动闭塞（闭塞区间的长度尽可能缩短）的轨道交通，可在运行线路上敷设环线，以连续地检测列车所在的位置和发送各种命令信息。除采用钢轨或设环线来连续地传递信息外，也可以通过设于运行线路的点式传感器（信标），向车上传递特殊的点式信息。

列车在车站的程序定位停车方式，根据信号传输方式的不同，分为台阶式和速度模式曲线式两种。在模拟信号时代，基本上都是台阶式停车方式。速度模式曲线式制动的控制方式，建立在数字编码技术和数字信号处理技术的基础上，它可以缩短列车的运行间隔，也可以改善驾驶条件和提高乘客的舒适性。

列车自动控制（ATC）系统，主要包括列车自动监控（automatic train supervision，简称ATS）、列车自动保护（automatic train protection，简称ATP）、列车自动运行（automatic train operation，简称ATO）3个子系统，是一套完整的管理、控制、监督系统。位于管理级的ATS子系统，较多地采用软件方法实施联网、通信及指挥列车安全运行。发送和接收各种行车命令的ATP子系统可确保列车的运行安全，完成列车速度控制和实现列车间隔控制。车载ATP子系统，通过接收轨道旁边的ATP设备传递的指令信息，经校验后送至车载ATO子系统，完成列车运行的自动控制，进行速度自动调整控制和车站程序定位停车控制。3个子系统既相对独立,又相互联系,以确保列车安全、快速、短间隔地有序运行。

(孙　章)

知识链接

行车指挥系统

　　行车密度和速度的提高,各种列车速度的差异以及线路通过能力的提高对行车调度提出了越来越高的要求,调度决策必须迅速转化为运营措施。上述情况要求把行车调度员和车站值班员的工作集中到一个多功能的工作站来完成,即把监视和控制集中到一处完成,以达到更高程度的自动化。自动识别和解决运行冲突是构成这种自动化系统的基础。

　　行车控制中心是把行车操作控制和调度合并于一个系统,达到数据信息集中、技术设备集中和人员集中的目的。行车值班员和调度员均在各自的工作站上操作。因此,依靠行车指挥系统能提高工作效率,提高调度、运输质量和节省人员。

长袖善舞也有度——车辆限界

重型卡车在拐弯时，一不小心会带倒在旁行驶的自行车。之所以会发生这样的惨剧，就是因为粗心的人没有注意到车辆在拐弯时跟直线行驶时不一样，需要占用更大的空间。其实，人也有限界。地铁车站上靠近站台边缘的安全线，就是人们在乘车时的"限界"；法律，就是人的行为"限界"——个人的自由以不影响他人的自由为界。

如果从学术角度给轨道交通车辆限界下定义就是，轨道交通列车沿固定轨道在特定的空间中运行，根据各种特性和参数，经计算确定的特定的空间断面尺寸，称为限界。轨道交通的限界是列车安全、高速运行的保证，各种建筑物和设备均不得侵入其中。

轨道交通的限界是确定行车轨道周围构筑物净空大

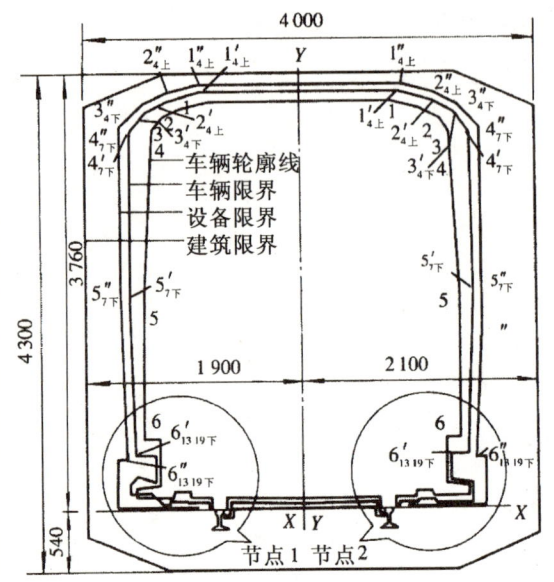

▲ 区间直线段矩形隧道限界

小和各种设备及管线安装相互位置的主要依据，是工程设计和施工中各专业间共同遵守的技术规定，因此，限界应根据以下原则进行制定：限界应保证列车安全、高速、正常地运行，确定的限界应经济合理、安全可靠，能满足各种设备和管线安装的需要；限界应根据车辆的轮廓尺寸和技术参数、轨道特性、（接）受电方式、设备及管线安装、施工方法等因素，进行综合分析计算确定；限界制定中，对结构施工、测量、变形误差、设备制造和安装误差，以及在施工、运营中难以预计的其他因素，即安全留量，都要给予一定的余地，应分别进行研究并予以考虑。限界一般是按平顺直线上的轨道条件来制定，曲线段和道岔区的限界应在直线地段限界的基础上，根据车辆的有关尺寸以及不同曲线半径、超高和不同的道岔类型分别进行加宽和加高；设备限界与车辆限界之间的间隙主要为安全预留量，应全面考虑横向安全留量和竖向安全留量。

轨道交通的限界分为车辆轮廓线、车辆限界、设备限界、建筑限界和接触网或接触轨限界。限界是根据车辆外轮廓尺寸线及技术参数、轨道特性、各种误差及变形，并考虑列车的运动状态等因素，经科学分析而确定的。

限界的基准坐标系是与线路纵向中心线垂直的平面内的二维直角坐标。该坐标系的横坐标轴 X 与平直轨道上的两根钢轨在名义位置且无磨耗时的顶面相切，纵坐标轴 Y 垂直于前者，为车辆横断面的垂直中心线与平直轨道横断面的垂直中心线相重合的一条轴线。X 轴与 Y 轴互相垂直的交点为坐标系的原点 O_{XY}。

车辆轮廓线，即车辆横断面外轮廓线，是确定车辆限界及设备限界的依据，是车辆设计和制造的基本数据。车辆轮廓线是指车辆在直线上，且车辆中心线与线路中心线重合时，新造车各部分尺寸所形成的外形轮廓。

目前，我国的轨道交通车辆按车体宽度区分主要有 3 种类型：A 型车、B 型车和 C 型车。上海采用 A 型车（1 号线、2 号线）和 C 型车（5 号线）；深圳采用了宽 3.1 米的宽体车；南京、广州采用 A 型车；北京、天津及其他拟新建轨道交通的城市大多采用 B 型车。尽管车型不尽相同，但其制定限界的内容和方法是相同的。

同一种车型，因其采用的供电方式不同（主要有接触网供电和接触轨供电两种），限界也不一致。目前，国内采用接触网供电的较多，接触网又分柔性触网和刚性触网两种。刚性相对于柔性而言，可以不考虑接受电流时导线的抬升、接触线振动以及导线呈现链形悬挂结构，其高度占用的空间所占净空较小。

车辆限界应根据车辆的轮廓尺寸和技术参数，考虑其静态和动态情况下所能达到的横向和竖向偏移量，按可能产生的最不利情况进行组合计算来确定。因此，它是基准坐标系中车辆轮廓线外的一个轮廓，包容了车辆在动态中的轻微晃动形成的轮廓——包络线。

车辆限界计算所要考虑的因素主要有两类：非随机因素和随机因素。非随机因素主要包括：车辆的制造误差、维修限度、转向架轮对处于轨道上的最不利运行位置、线路的几何偏差，及因车辆制造、荷载不对称、轨道水平不平顺等引起的偏斜等。随机因素主要包括：轮对相对于构架的横向振动量，转向架构架相对于车体的横向位移量，挠度差（车辆在空、重车情况下，不同程度的弯曲），垂向位移量，侧向位移量等正常状态下运行的各种因素。两类相加形成车辆的动态偏移量。

设备限界是车辆限界以外的一个轮廓线，设备限界和车辆限界之间留有一定的间隙，这个间隙主要作为没有涉及因素的安全留量，按照限界制定时的规定，某些偏移量也计入此空隙。所有固定设备及土木工程（接触轨及站台边缘除外）的任何部分都不得侵入此轮廓线内。设备限界是在车辆限界的基础上，再考虑到轨道的轨距、水平、高低等可能出现最大允许误差时，引起车辆的偏移和倾斜等附加偏移量，以及在设计、施工、运营中尚未预计的因素在内的安全预留量。因此，对设备选型和安装都应分别考虑其制造和安装误差，才能满足设备限界要求。车辆在平面曲线和竖曲线上的曲线偏移也计入这个间隙内，因此，设备限界在水平曲线上需要加宽，在竖曲线上需要加高。

建筑限界是设备限界以外的一个轮廓，是行车隧道和高架桥等结构的最小横断面有效内轮廓线，它规定建筑物或设备距离轨道中心和（钢）轨（顶）面有一个最小允许尺寸所形成的轮廓。在设计隧道、高架桥等结构物断面时，必须分别考虑其施工误差、测量误差、结构变形等因素，才能保证竣工后的隧道及高架桥等结构物的有效净空满足建筑限界的要求，以保证列车安全高速地运行。

建筑限界和设备限界之间的空间，应能安排各种电缆线、消防水管及消防栓、动力照明箱、信号箱，以及信号灯、照明灯、扩音器、通风管、架空接触网或接触轨及其固定设备等。

接触网限界是在隧道内或地面及高架上安装接触网及其支架的尺寸限界，包括受电弓限界和受电弓设备限界，是车辆限界上部的两个轮廓线。接触网限界决定于车辆受电弓升起高度允许值，及可能的偏移、倾斜、允许磨耗量以及接触网安装需要的高度。接触轨（即第三轨）限界是为了满足接触轨及其支座与支架安装要求而设置的净空尺寸轮廓限界。

孙悟空一个跟斗能翻十万八千里，但始终跳不出如来佛的手掌。城市轨道车辆日行上千米，也只能在车辆限界里飞奔。

（孙　章）

 **知识链接**

近限界

即铁路站场和沿线各种建筑物、设备不得侵入的极限轮廓线。如果将机车车辆限界和建筑接近限界的中心线重叠在一起,就会看到其间有一环形空间,称之为裕留空间,是考虑到机车车辆在运行中的振动偏移和线路偏移以及其他因素而设的。从机车车辆运行安全来看,裕留空间愈大愈好。但增大裕留空间就要扩大建筑接近限界,修建净空更大的隧道、桥梁等建筑物,必然会大幅度地增加铁路建设投资;缩小机车车辆限界从而相应缩小建筑接近限界,固然能减少基建方面的投入,但要付出缩小机车车辆的外形尺寸后,铁路运输能力降低、影响旅客乘坐舒适性的代价。在确保安全又有较好经济效益之间选择一个预留空间的最佳值,是各国铁路工作者的目标。

地铁列车的港湾

构建城市轨道交通系统的三大基础是车辆、线路和车站。车站是城市轨道交通系统的重要组成部分,是吸引和疏散客流的基本设施。城市轨道交通车站的规划与设计,必须考虑得十分周到,可进行不同的分类。按车站与地面的相对位置可分为地下车站、地面车站和高架车站3种,下图为地下车站。

按照埋设的深度,可以分为3种:

浅埋车站——(钢)轨顶(面)至地表距离小于15米;

中埋车站——轨顶至地表距离为15~25米;

深埋车站——轨顶至地表距离大于25米。

按运营性质可分为以下4种:

中间站(一般站)——中间站仅供乘客上下车之用,

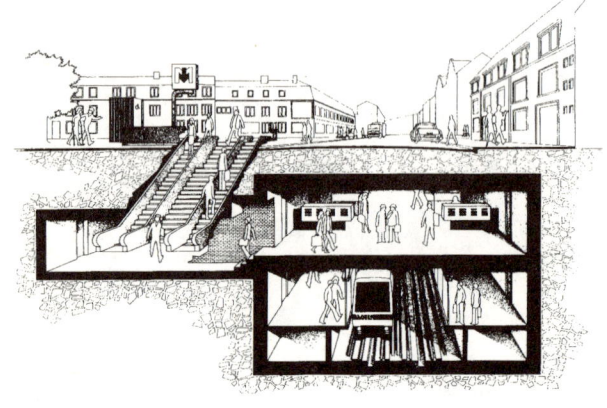

▲ 地下铁道车站的空间组成

功能单一，是地铁路网中数量最多的车站。

区域站（折返站）——区域站是设在两种不同行车密度线路交界处的车站，站内设有折返线和设备。显然，区域站兼有中间站的功能。

换乘站——换乘站是位于两条及两条以上轨道线路交叉点上的车站。它除了具有中间站的功能外，还可以使乘客通过站内换乘从一条轨道线路转换到另一条线路上去。

终点站——终点站是设在线路两端的车站。就列车上下行（由郊区向市中心称上行，反之称下行）而言，终点站也是起点站。终点站设有可供列车折返的折返线和设备，也可供列车临时停留检修。如线路远期延长后，终点站即变为中间站。

按照车站的站台形式，又可以分为岛式站台、侧式站台、岛侧混合式站台等3种。

岛式站台——站台位于上、下行行车线路之间，这

▼ 车站按运营性质分类示意图

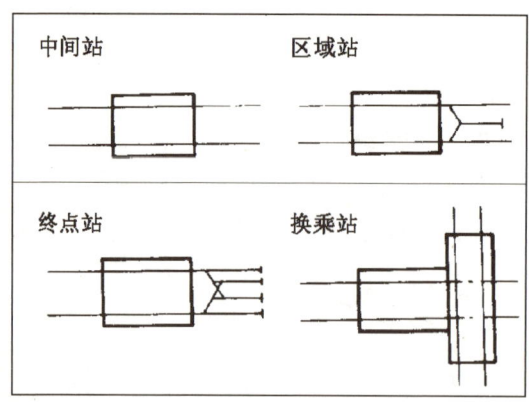

种站台布置形式称为岛式站台。岛式车站是常用的一种车站形式。岛式车站具有节省车站月台空间、灵活调剂客流、使用方便、楼梯和电扶梯数目少等优点,因此最为常用。

侧式站台——站台位于上、下行行车线路的两侧,这种站台布置形式称为侧式站台。侧式车站站台在面积利用率、调剂客流、站台之间联系等方面不及岛式车站,但在环境或工程技术上受到限制时(如轨道在接近车站时无法分叉或为地面站),则可采用侧式站台。侧式站台的流线(乘客上下车时所走的路线)不太理想,也不太经济。

岛侧混合式站台——岛侧混合式站台是将岛式站台及侧式站台同设在一个车站内。岛侧混合式车站一般用于换乘站,或用于需调度列车的终点站。

车站设计的基本原则是使乘客安全、迅速、方便、舒适地换乘或进出,以便到达最后目的地。车站在整个城市轨道交通系统中,就土建投资而言,所占的比重较大,同时又是客流汇集场所,要求具有良好的通风、照明和卫生设施,要合理设计好车站。

车站一般设在直线段上

(A)岛式站台(B)侧式站台(C)混合式站台
▼ 轨道交通站台布置

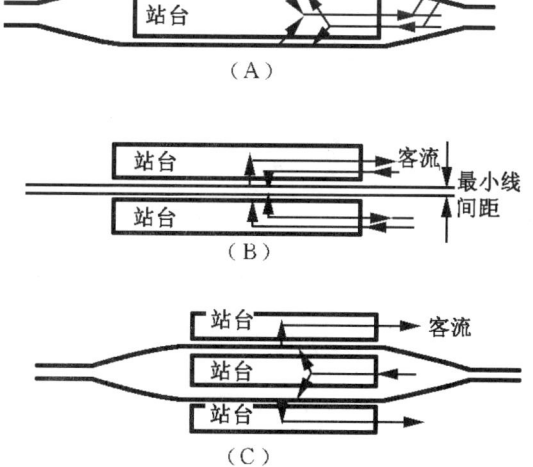

比较适宜。

车站公用区应划分为付费区与非付费区，此两区间应进行分隔。进、出站检票口应分设。采用单一票制时，换乘通道应设在付费区内。

有条件时，车站应考虑无障碍通行。人行楼梯和自

▼ 地下与高架车站的断面形态

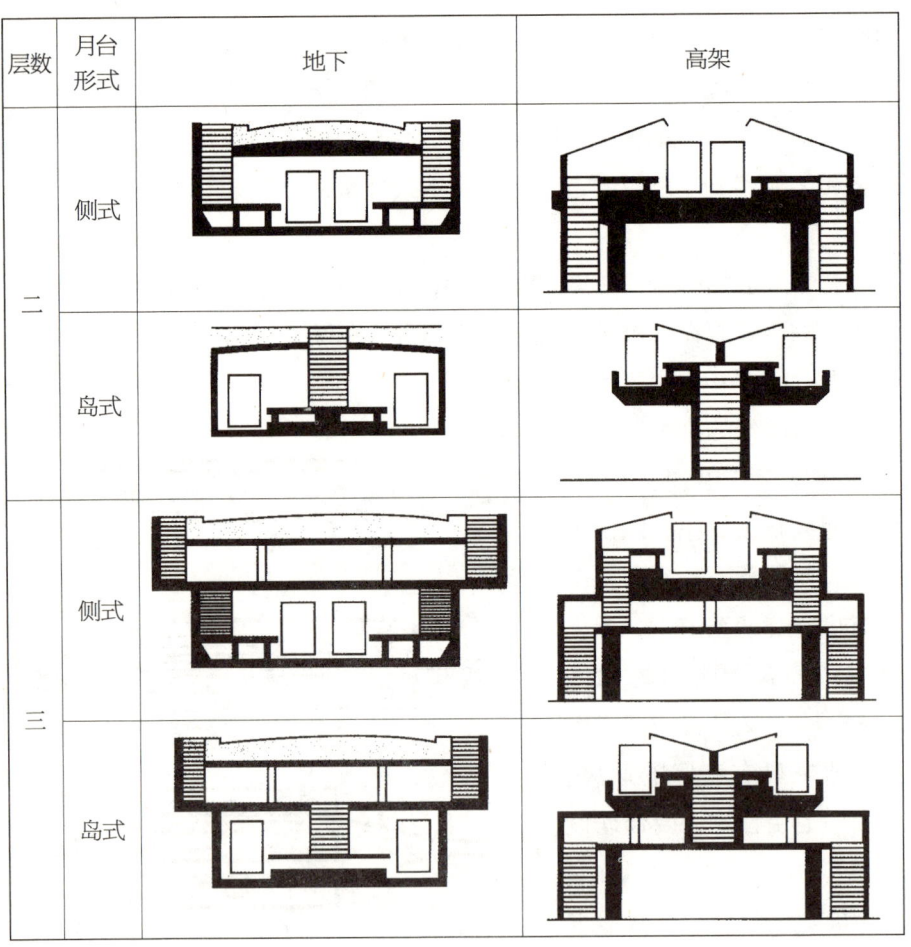

层数	月台形式	地下	高架
二	侧式		
二	岛式		
三	侧式		
三	岛式		

动扶梯设置的总量除了应满足上下乘客的需要外，还应该保证站台层的旅客在发生事故时其疏散时间不多于 6 分钟。

车站规模主要根据车站远期超高峰客流量确定。超高峰设计客流量为该站预测远期高峰每小时的客流量乘以超高峰系数 1.1~1.4。

一般车站在高峰期 1 小时内，集中了全日乘降人数的 10%~15%，但由于车站所在地区的不同，（如居民区，商业区等）其乘降人数的集中程度也不相同，所以在规划时要充分做好预测工作。一般以早晨高峰每小时的客流量为主要依据。车站规模主要指车站外形尺寸、层数及站房面积的大小。

车站规模的大小，将直接影响到地铁工程造价的高低。规模太大，则不经济；规模太小，又不能满足运营的需要和远期的发展，造成使用上的不便及改建的困难。因此，在确定车站规模等级的时候，应慎重研究和考虑。

（孙　章）

列车提速

高速铁路是指运行速度达到每小时 200 千米以上的客运专线。列车运行最高速度从每小时的 100 千米提高到每小时 200 千米是一个质的飞跃。列车常速运行时不明显的因素，到高速时就会暴露出来。比如，由于列车高速运行时空气阻力上升，这种阻力占运行总阻力的 80%～90%，比以时速 100 千米运行时大了 3～4 倍，因此空气阻力的变化成为影响速度提高的重要因素。为了减小阻力，高速列车的端部都做成流线型，像子弹头，或梭子。科学实验证明：圆形端部的阻力是方形端部阻力的 1/5～1/6。技术人员对车厢连接处也做了处理，使其更加平顺、光滑。而且，降低车辆高度也能有效减少空气阻力。经过技术处理后的高速列车，它的外形都是流线型，常被人们誉为"子弹列车"。

高速铁路是一项庞大的系统工程，是当今世界铁路高新技术的一项重大成就，集机械、动力、控制、电子、信息、环保等一系列学科之精华，综合利用了计算机、网络、材料、工艺等方面的最新成果，将铁路机车、车辆、线路、桥梁、信号等新产品组合成一整体，从而使高速铁路成为世界上仅次于飞机的现代化高速交通工具。

　　高速铁路对技术要求是全方位的。首先，要有大功率牵引机车。俗话说，火车跑得快，全靠车头带。目前，一列普通客车所需的机车牵引功率为 2 000～3 000 千瓦，而一列时速 300 千米的高速列车所需的机车牵引功率则高达 10 000 千瓦。在现代铁路牵引动力的行列中，电力机车和内燃机车并驾齐驱，分担运输任务。两者比较，电力机车功率大、拉得多、跑得快、爬坡能力强，在运营中比内燃机车更胜一筹。一台电力机车的运输能力相当于 1.5 台内燃机车，而电力机车牵引每万吨千米能耗仅为内燃机车牵引的 2/3。当然，电力机车必须有供电系统，造价要高些。高速铁路采用的就是电力机车。法国用电力机车做牵引试验的时速创造了 515.3 千米的世界纪录。

　　第二，要有又轻又稳的车辆。由于采用诸如高强度铝合金、玻璃纤维、加强塑料、高聚氨酯等新材料，车辆自身重量大幅度下降，车辆轻量化目标得到实现。不仅如此，采用计算机技术设计的流线型车身以及采用智能化控制的车辆密闭通风结构，使高速列车具有极其良好的空气动力性能。车辆转向架是确保列车高速平稳运行的一个关键部件,采用计算机仿真技术来设计车辆转向架,同时采用先进的精确制造工艺和组装技术,能使车辆自身振动和线路干扰振动降低到最低水平。

第三,要有良好的轨道基础。铁路是由一根根钢轨连接起来的。在普通铁路上,火车是在有缝线路上行驶,运行中会产生剧烈的震动,并发出噪声,影响旅客的休息。同时,因为车轮与钢轨的端部不断冲击,钢轨与钢轨的连接处——轨缝就会产生凹陷,还会降低使车轮和钢轨的使用寿命,隐患随之增多。高速铁路使用的是无缝线路。所谓无缝线路,就是把钢轨焊接起来的线路,所以又称焊接长钢轨线路。无缝线路与有缝线路相比,有显著的优越性。仅从节约劳力和延长设备使用寿命方面计算,无缝线路可节约线路维修费用50%左右。此外,还可减少机车车辆的修理费,并能使火车运行平稳,旅客乘坐舒适。无缝线路是改革铁路结构的一项新技术,它能使行车速度大大提高。在普通铁路的轨道结构中,支承轨枕的石砟叫道床。而整体道床是一种新型轨道基础,是用钢筋混凝土浇筑而成的。整体道床的优点是坚固耐久、造价便宜、线路平顺、整洁美观,不但有利于高速列车的行驶,而且延长了线路上部建筑的使用寿命。它特别适合与无缝线路配合使用,可以大大提高线路强度和运输能力。

第四,要有先进的列车自动控制系统。整个列车自动控制系统由行车自动指挥、列车自动驾驶和列车自动防护三大部分组成。整个系统的特点是,以电子器件和微电子元件组成集中管理、分散控制的模式来替代传统的模式，从而确保高速列车高效率、高可靠性地行驶。日本是最早发展高速铁路的国家，40 年以来从未发生过行车重大事故，创造了世界铁路行车安全之最，其主要经验之一，就是用先进的列车自动控制系统。

（曹炳坤）

独轨铁路

在人们的印象中,所谓铁路就是可供火车在上面行驶的两根平行的钢轨。事实上,在一根轨上行驶火车的独轨铁路,已经有相当悠久的历史。早在1821年英国人就开发了独轨铁路,当时铺设在伦敦泰晤士河河边,比1825年开通的蒸汽机车牵引的铁道线路还早,当时采用木制轨道,用马来牵引着前进。

最早使用蒸汽机车作为动力的独轨铁路是法国人研制的,但却在爱尔兰安装,于1888年2月通车,全长15千米,最高时速43千米,线路曲线半径30米,从此有动力的独轨铁路走向了实用化阶段,但因为车辆的摇摆、噪声大等原因,这条线路于1924年停止运营。

1901年,德国的伍珀塔尔市建造了一条长13.3千米的独轨铁路,其中10千米线路跨河架设,成为利用街道上空建设独轨铁路的先驱。它采用直流电动机牵引，钢轨架设在车辆上方，车轮悬挂在钢轨上行驶。它也是世界上第一条悬挂式独轨铁路。这条线路至今仍在使用，成为该市的一个历史景观，并在交通系统中发挥着重要的作用。

▲ 悬挂式独轨

独轨铁路是一种把单轨铺设在高架桥上的新型铁路。它通常分为跨座式和悬挂式两种：跨座式是车辆"骑坐"在轨道梁上行驶，悬挂式是车辆悬挂在轨道梁下方行驶。单轨车的走行轮采用特制的橡胶车轮，以减少振动的噪音。单轨车的两侧还装有导向轮和稳定轮，控制列车转弯，保证列车运行的稳定可靠。这种高速、舒适的交通工具有占地少、造价低、噪声小、无废气污染等优点。高架独轨不需要很大空间，可以适应复杂的地形，适宜在狭窄街道的上空穿行，可减少拆迁，降低造价。高架独轨结构简单，易于建造，建设工期短，它的工程建筑费用只有地下铁道建筑费用的三分之一。在国外，独轨列车一般由4～6节组成，列车运输能力为每小时5 000～20 000人次，因此十分适合于城市与城市之间或城市与郊区之间的交通运输。

第二次世界大战以后，独轨铁路在技术上不断改进，

▲ 重庆跨座式独轨

修建独轨铁路的国家也在增加。1950年以来，在欧洲和日本共建造了三十多条独轨铁路。1971年美国在洛杉矶迪士尼游乐场建成了4.2千米的独轨铁路，可行驶由5辆车组成的列车，时速65千米，供游客使用。1982年苏联在基辅也修建了一条连接居民区和地铁的独轨铁路。1985年1月，举世瞩目的日本北九州独轨铁路通车，它分上行线和下行线，整条线路离地十多米高，列车由4节车厢连接编组而成，最多可乘1000人，通车这天，该市人民携老扶幼，争先搭乘这种新型的独轨列车，乘车人数高达8万人之多。1988年3月，日本千叶市建成一段长8千米的悬挂式独轨铁路，独轨铁路的列车悬挂于轨道下面在日本尚属首次，它的开通缓和了该市紧张的交通状况。

随着科学技术的发展，独轨铁路已广泛采用世界最新技术。新型的独轨铁路是用混凝土导轨代替钢轨，用充气轮来替代钢轮，大大降低了列车行驶时的噪声。列车运行是由中央调度室利用计算机集中控制，司机只起监视作用，通过人和计算机的有力配合，共同保障行车安全，如列车超过允许速度时能自动减速；若司机遇见红灯而疏忽没有停车，它将强迫列车自动停车。中央调度室还可通过监视电视系统，掌握各站的乘降情况，来执行发车和停车。

独轨铁路有很多优越性，但也有其不足之处。由于它的结构独树一帜，无法与其他轨道交通接轨，只能自成系统。对于旅客来说增加了换乘环节，延长了运行速度，又由于它使用充气橡胶车轮，增加了摩擦系数，因而加大了耗电量，不利于节能。独轨铁路自从1888年在爱尔兰建成以来已有110多年的发展史，在世界上推广应用缓慢。无论对它的评价如何，独轨铁路还是一种实用的交通工具，为解决城市交通紧张做出了应有的贡献。现在，独轨铁路在我国已开花结果，重庆市的一条跨座式独轨铁路在2004年7月开始试运行。重庆是具有500多万人口的著名山城，由于山城地形限制，道路无法拓宽，随着经济的发展，城市交通十分紧张，经过专家论证，重庆准备在再修建一条地下铁道的同时，修建两条独轨铁路，三条线路修通后，将从根本上改善重庆市的交通紧张状况。

（曹炳坤）

轨道交通车辆段

车辆段是进行车辆维修保养作业的场所,按照不同的规模又可分为检修车辆段和停车车辆段。停车车辆段(简称停车场)是列车的"家",是地铁列车"下班"后休整的地方;检修车辆段(简称车辆段)是地铁列车的"医院"。一般情况下,停车场宜与车辆段合并设置,相当于人们生活中的"家庭病床"。但受到车辆段用地面积、地形条件的限制,或根据线路情况、运营的需要,停车场和车辆段也可以单独设置。

车辆段具有十分重要的功能,由于它是幕后英雄,做着默默无闻的贡献,往往不被乘客们注意。它的主要功能包括车辆的停放、编组、日常检查、清扫洗刷消毒、一般故障处理等日常维护保养工作,车辆的计划性定期修理以及修理后的调试工作,车辆的临时性故障处理及部件修理工作,承担运营车辆的乘务工作,调车机车、工程车等特种车辆的整备和维修保养工作,以及承担运营中车辆事故后的救援。

停车场的业务范围比较简单,主要包括车辆的停放、编组、日常检查、清扫洗刷消毒、一般故障处理等日常维护保养工作。根据运营的需要,也能承担部分车辆的乘务工作。

车辆段作为城市轨道交通车辆的停放和检修基地、设备维修和材料供应基地,具有占地面积大、工程造价高、设备及技术接口复杂、与市政设施联系密切等特点,因此,在进行城市轨道交通网络规划时,为了实现土地资源的综合配置和合理利用,提高设备使用效率和服务水平,应该对路网中车辆段的布局统筹规划,明确分工,经济合理地配套建设。

一般情况下,每条运营线路应设一个车辆段,在城市用地规划许可、技术经济合理时,也可两条线路合用一个车辆段。当一条运营线路的长度超过20千米时,为减少列车空车走行距离、及时对车辆进行技术检查,可在线路另一端的适当位置增设一个停车场。

一般来说,轨道交通线路大多通过整个市区,由郊区经过市中心城区,再到郊区。相对而言,郊区的土地资源更丰富,更易控制,车辆段设于轨道交通线路的两端为宜,根据需要可设一个车辆段,或设一个车辆段和一个停车场。设一个车辆段和一个停车场时,应分别布置于线路两端。只设一个车辆段时,若将车辆段建在靠近线路的中部,则利于运营组织,还可以降低运营成本。从另一方面看,车辆段如果位于线路末端,则建设车辆段的土地成本较低——两者如何取舍,应在城市总体规划中统一加以考虑,以尽量降低综合成本。

随着城市人口比例的提高,城市规模的日益扩大,土地显得越来越珍贵,住宅小区、办公楼、厂矿企业、科技园区、公益事业设施等处处需要用地,这就必须进行土地的集约化开发,使土地的效用达到最大化。因此,在大城市里,车辆段的规划特别需要考虑如何节省用地,并根据总平面布置情况以及城市规划总体布局做好车辆段平面或空间上的综合开发利用。

若没有一个统一的规划,没有整个城市各区、各部门的协调,建设车辆段的土地是很难获得的,往往需要巨额的动迁费用。上海市轨道交通3号线是在路网调整后新增的环线,位于内环线以内,原规划中没有控制车辆段的用地,在4号线(环线的东半环)的建设过程中,线路基本方案确定后,车辆段用地迟迟不能落实。规划部门提供了大小不等的几个地块给设计单位,面积较大能完全满足车辆段功能要求的地块,均位于市郊;距离线路较近的地块面积都较小。如选址于市郊,则为连接车站和车辆段的引出线均需在10千米以上,工程造价高,列车出入基地空驶里程长,很不经济。通过征集方案,多家设计单位参与投标,经专家评审后确定在蒲汇塘地区设停车场。中标方案基本思路是在路网合理分工的基础上,由3号线的停车场分担一部分4号线的停车列检作业，4号线的蒲汇塘停车场只承担4号线的检修作业，从而在比较小的地块内完成车辆段的布置。由此可见，车辆段在轨道交通路网及城市规划中占有相当重要的地位。在前期路网规划中，车辆段的设置需要得到城市规划的支持，使车辆段的用地能得到切实保证。

轨道交通建设计划与土地开发计划相协调是加强土地开发利用的重要策略。对于车辆段，同样要考虑土地的全面开发利用。如蒲汇塘停车场就考虑了停车库与检修库的屋顶开发；北京复八线车辆段上部修建了住宅楼。香港地铁的车辆段上部也都"叠床架屋"，以充分利用宝贵的土地资源。

（孙　章）

摆式列车

　　一条铁路不可能是笔直的，总会有很多曲线，火车走在曲线上会产生离心力。为了保证列车安全，列车走在各种半径的曲线上时，速度会受到一定限制。一些欧洲国家的铁路部门设想在原有非高速铁路的基础上，运用高新技术，采取让列车车体倾斜等一系列措施，使列车以较快的速度通过铁路曲线区段，以便提高列车运行速度，更经济地实现铁路高速化。摆式列车的发展已经有相当长的历史。早在 1940 年，美国和法国各自进行了车体倾斜系统的试验，意大利也进行了与法国同样的试验。法国客车的倾斜系统，以时速 160 千米的速度通过半径 800 米的曲线，确认了摆式列车的效果。

　　当前，瑞典、德国、意大利等国设计和制造了一种新型的摆式列车，它是集电脑、自动控制等高新技术于一体的新型高速列车。当列车经过曲线时,在电脑控制下,车厢会向曲线内侧倾摆一定的角度(一般为8度),用以抵消一部分离心力的作用。行走在直线上时,车厢又恢复原状,就像玩具"不倒翁"一样。它的优点是,能够在现有线路上运行,不用对线路等设施进行大规模改造,靠摆式车体的先进性实现高速行车,并能达到既安全又舒适的要求。运行实践表明,摆式列车通过曲线速度可提高30%,最高可达50%。摆式列车真不愧为"曲线冲刺能手"。

▲ 摆式列车

摆式列车的优势在于,它不需重新修筑特别的高速火车轨道,只需对现有线路适当进行改造,因而它的投资远远低于新建高速铁路,受到各国政府的欢迎和青睐。澳大利亚本拟兴建从墨尔本至悉尼的高速铁路,因建新线投资过大而变为改造既有线,采用摆式列车方案。目前,摆式列车作为尖端技术,已先后被引入英国、法国、日本、澳大利亚、芬兰和瑞士等国,发展前景令人瞩目。特别是西班牙等国研制的新型高速摆式列车,1988年11月在试验线上进行运行试验,创造了时速291千米的新纪录。此后为开发时速300千米的新一代摆式列车,将对制动装置、车体强度、车体气密性做进一步改造。

瑞典是最早发展摆式列车的国家。瑞典的摆式列车是摆式列车的杰出代表。瑞典北部为高原山区，南部是丘陵地带，铁路线弯道多、曲线半径小。针对这种特点，瑞典国铁与 ABB 公司合作，研制了 X2000 型摆式列车。瑞典铁路干线最小曲线半径为 500 米，通常客货混跑，采用这种摆式列车后，哥德堡——斯德哥尔摩区间平均速度提高了 30%～40%，旅行时间减少 1 小时零 5 分，与飞机相比仅多用 10 分钟，而且安全、正点，票价也比飞机低。1991 年 9 月，瑞典 X2000 型摆式列车在哥德堡——斯德哥尔摩间（全长 457 千米）投入运营后，它的上座率升至约 90%，其中 60% 是原飞机乘客，它的运行开创了世界摆式列车的新纪元。前几年，我国已从瑞典引进一列摆式列车，并已运行在广州——深圳——香港铁路干线上，时速由 160 千米提高到 200 千米，在国内首先达到全线高速行驶的目标，取得了良好的社会和经济效益。目前，我国铁路为适应小半径曲线和多条线路提速的需要，正在研制摆式列车，这种列车可在不降低运行平稳性和舒适度的前提下，将列车通过曲线时的速度提高 30% 左右。可以深信，在我国铁路向高速化迈进的过程中，摆式列车将以其独具的魅力，为我国铁路高速化做出贡献。

（曹炳坤）

穿越隧道的"千里眼"和"顺风耳"

如果你有机会进入城市轨道交通的自动控制中心，那你就能看到许许多多电视机排列得十分整齐。而电视画面上的图像却各不相同，令人眼花缭乱：地铁车站里人来人往，有的正在买票，有的正在检票，有的正在下车，有的正在上车……不仅各车站里的状况一目了然，而且还能自主选择观察的角度和方向。这种神奇的"千里眼"，就是安装在地铁里的电视监视系统（CCTV）。这里的CCTV并非中央电视台的简称，而是"控制中心电视"的意思。

轨道交通CCTV系统由车站闭路电视设备、控制中心闭路电视设备及传输系统组成。车站值班员主要应用电视监视系统，来对车站进出大厅、站台情况进行监视，辅助中心列车调度员则用来指挥行车以及协助司机安全发车。当发生灾害时,防灾调度员要用本系统来监视灾情和乘客的紧急疏散情况。

轨道交通 CCTV 系统能帮助控制中心的调度员(总调度员、列车调度员、防灾调度员)可按时序对各车站进行循环切换监视,也可选择车站、选择区域,进行固定监视,并可根据需要进行录像。

轨道交通的电视监视系统与时钟系统等通信系统都要靠有线传输线路提供物质基础。有线传输线路主要为通信系统提供控制中心至各车站、车辆段的传输载体,它包括光缆和铜质电缆。有线传输系统中的光缆、电缆,应具有阻燃、低烟、低毒、防腐蚀和防鼠害等特性,这样可防止火灾。一旦发生火灾,也不会产生有毒气体,

▼ 车站电视监控系统示意图

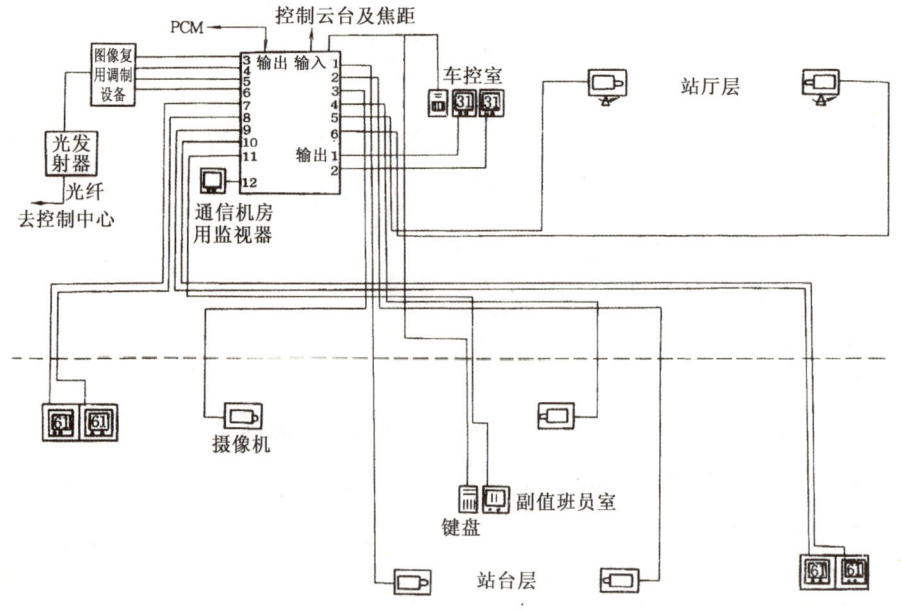

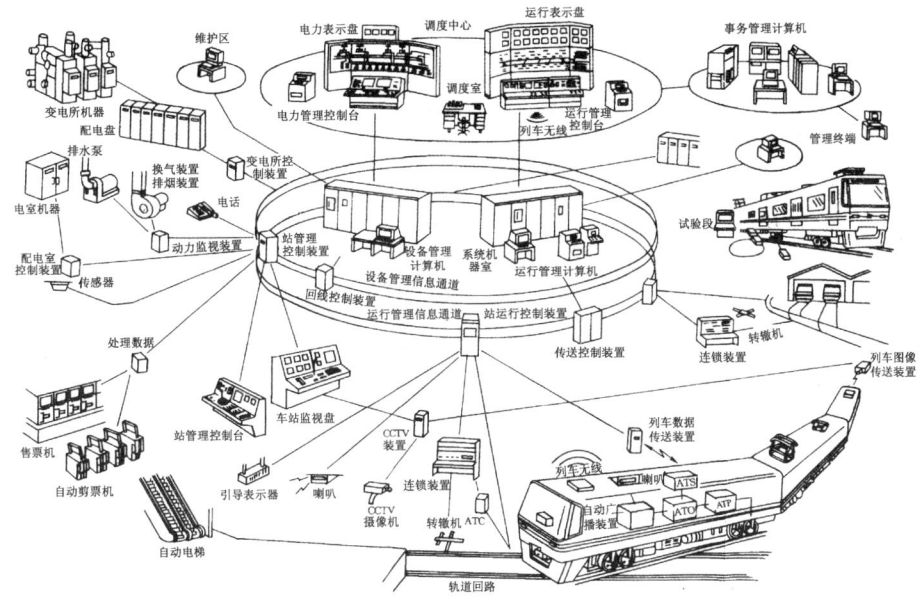

▲ 地铁运行管理系统概念示意图

从而可减少人员伤亡。如果轨道电路绝缘不佳，回流电流就会通过其他导体、导线直接接地，这时产生的杂散电流称为"迷流"，它会严重腐蚀流经的导体，因此，传输系统中的光缆、电缆还应考虑防止迷流导致的腐蚀性。

自控制中心至各车站的区间两侧（地下区间分设于上下行两条隧道中）各敷设一条光缆和一条铜缆。每条光缆的容量一般为30～96芯，其中传输系统各使用4芯，火灾自动报警各使用2芯；电视监视系统图像如采用模拟传输则两条光缆中每个车站使用一根光纤；公安电视监控每条光缆中各使用2芯，其余可作为备用和地区性通信资源；每条铜缆的容量一般为30～100对，其中1对用于相邻车站的站间电话，3～5对从控制中心至

▲ 中央监控室

每个车站用于各调度分机在光传输系统局部或全部故障时的应急通道，其余主要用于临时通信时的话音传输。

在地铁里还有一个人们不太在意的系统，就是时钟系统。

时钟系统可考虑单独设置"全球卫星定位系统"（GPS）接收设备、中心母钟，并在控制中心设置分路输出接口箱、监控终端，在各车站设置子钟驱动器，在车站大厅、站台设置大型的子钟，在有关各室里，设置小型的子钟。中心母钟接收来自GPS标准时间信号，通过传输子系统传给车站及车场的子钟驱动器，由子钟驱动器按标准时间信号来指挥子钟的统一显示时间，为乘客和工作人员提供标准时间，同时为其他子系统提供统一的时间信号，使各机电系统的定时设备与时钟系统同步，从而实现全线统一的时间标准。

无线通信系统是地铁里的"顺风耳"。无线通信对于处在不停运行中的动态系

▼ ATP发送器与ATP车载设备联系示意图

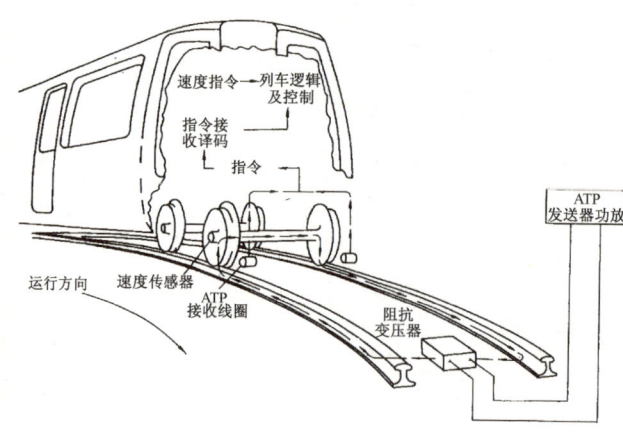

统而言，具有不可替代的重要作用：平时可保证调度员和司机之间能顺利通话，满足正常行车调度的需要；在火灾或事故情况下，又能满足抢险救灾对于通信的要求，大大缩短时空距离。

根据轨道交通工程运行组织、业务管理和指挥的要求，一般无线通信系统设置下列5个无线子系统：列车调度子系统（供列车调度员与列车司机及车站值班员之间通信联系）；公安子系统（供公安调度员与车站公安值班员之间通信联系）；事故及防灾应急呼叫子系统（供列车司机在列车发生重大故障、事故甚至火灾等特殊情况下，与列车调度员迅速联系，该系统仅在列车发生故障、事故等特殊情况下启用，并作为列车调度子系统的备用系统）；停车场、车辆段管理子系统（供车辆段、停车场的信号楼值班员及停车库运转值班员与场内列车司机和作业人员之间通信联系，满足列车调车及车辆维修的需要）；设备维修子系统（供维修值班员与现场维修人员之间通信联系，满足线路、设备的日常维护及抢修需要）。

（孙　章）

轨道交通的神经网络

根据系统科学的理论,我们知道,一个完整的系统应具备自己的信息子系统,便于信息及时传递到系统的各个部分。为确保城市轨道交通线上的列车安全、高效地运营,并实时、有效地传递相关的语言、文字、数据、图像以及网络上的各种信息,必须建立一个高可靠性、易扩充、组网灵活的综合通信网。城市轨道交通线的通信系统就是一个指挥列车运行,并进行运营管理、公务联络和传递各种信息的专门系统。在出现紧急情况时,通信系统还能迅速、及时地为减灾救援和事故指挥提供有效的通信联络。

轨道交通通信系统的建设要达到以下要求:它应建成一个高可靠性、易扩充、组网灵活的独立的专用通信网,并能与城市公用电话网方便地连接;系统中各子系统发生故障时，应具有对重要通道的备用保护和降级使用功能，以保证系统的基本功能；系统中各子系统应留有一定的余量，并预留相关系统接口，以满足将来可能扩容或扩网的要求，并能方便地与其他轨道交通线路连接；通信系统设计还应充分考虑地铁使用电动车组的特性，特别要防止电机牵引所产生的谐波电流对通信系统的干扰，应采用抗电气干扰强的设备和电缆，并采取必要的防护措施；通信系统及设备还要能满足不间断运行的需要。

通信系统通常主要由公务通信、专用通信及综合有线传输等三部分组成。公务通信系统主要用于内部工作人员间的公务联络，为城市轨道交通线各管理部门、运营部门、维修部门等工作人员提供内部及外部通话、通信等公务联系，公务通信系统与市话网连接。专用通信包括专用有线电话、无线通信、有线广播、电视监视、时钟等子系统，是直接服务于行车调度指挥及相关工作的系统。综合有线传输系统则是为公务和专用通信以及相关各部门、相关设备系统提供各类语言、文字、数据以及图像等信息可靠的传输信道。公务通信系统与通常使用的电话网络区别不大，所以在这里重点介绍城市轨道交通所特有的专用通信，如专用电话系统、无线通信系统、广播系统、电视监视系统、时钟系统、综合有线传输系统等。

专用电话系统由调度电话系统、区间电话（备用）、站间行车电话、站内集中电话、紧急电话、市内直线电话组成。

调度电话是控制中心调度员组织指挥所管辖范围内的值班员执行运行业务和及时地听取执行情况而设的一种专用通信设备，为控制中心调度员与车站、电力、防灾、行车、机务和维护部门的工作人员提供专用的直达通信工具，确保调度指挥命令的迅速下达、可靠执行。调度电话要求迅速、可靠地直接构成通话，同时不应有与本业务系统无关的电话接入。

根据城市轨道交通线列车运行组织和业务管理、指挥的需要，一般设置以下四种调度电话系统：列车调度电话系统（用于控制中心、列车调度员与各车站、停车场值班员及行车业务直接有关的工作人员进行业务联络）；电力调度电话系统（用于控制中心电力调度员与各变电所及其他特殊需要的工作人员进行业务联络）；防灾调度电话系统（用于控制中心环控防灾值班员与各车站、停车场值班员之间联络）；公安调度电话系统（公安控制中心值班员与各车站警务值班室警务人员之间直接通信联络）。

区间电话用于列车司机或维修人员与有关单位进行联系和一般通话。在地下区间内每隔 150 米左右，在高架区间内每隔 250 米左右设置一台户外电话机，一般 1～3 台电话机并联使用一个用户号码。

站间电话是直接为行车服务的，要求相邻两车站的值班员能及时、迅速地进行沟通。

站内集中电话类似调度电话系统，总机设在车站控制室，采用数字多功能电话机；分机设置在车站值班员所控制的部门，采用模拟电话机。系统的功能由调度电话总机来完成。

　　紧急电话是在紧急状态下供乘客或车站工作人员使用，每台电话都设置成热线电话，用户一旦摘机，就立即连接到了车站控制室值班员的数字话机上，在各个车站站台的每一侧，设 2 台紧急电话。

　　有线广播系统由三部分组成：车站广播、车辆段广播和列车广播。各部分相互独立。控制中心设列车调度、环境控制防灾调度、总调度员广播；车站设车站值班员、副值班员广播，停车场设行车值班员、运转值班员和车库的检车值班员广播与对讲，在列车上设列车司机广播以及语音直播。

　　随着通信技术的不断发展变化，随着轨道交通管理体制的不断改进，通信系统的组成也随之在发生变化，如目前逐步落实的公务电话公网化问题，就已考虑将公务电话分离出轨道交通专用系统，从而有效减少轨道交通部门一次性的建设投资和将来的维护维修费用。另外在不断完善的服务体系中，服务类别的增加也体现在通信系统的组成上，如目前建设的线路中已考虑增加了乘客导向系统，这对于乘客对轨道交通运行状况的了解以及方便出行均提供了便利；在对设备系统的维护方面，现在也在考虑建立统一的集中维护通信系统，无疑将有利于减少维护的人力和物力。总之，随着工程技术的发展和服务内容的增多，通信系统还会不断地发展。

（孙　章）

"中量级"的轨道交通

发展公共交通已成为人们的共识,但是在实践中人们发现地铁虽有许多长处,却造价高、工期长、见效慢,而普通的公共交通运量小、速度慢,又不能满足城市交通日益增长的需求。于是人们开始寻求一种介于公共汽车与地铁之间,同时又兼有两者优点的新型交通系统。如果把城市有轨电车称为轨道交通的"轻量级",把地铁称为"重量级",那么,轻轨就是轨道交通的"中量级"。

"轻轨"是"轻型轨道交通"的简称,也可称为"轻轨交通"。"轻轨"并非是指轨道上钢轨的重量较轻的意思,它所铺设的钢轨的型号与普通铁路是相同的。只是在它上面走行的列车车辆重量较之普通铁路的车辆要轻,用铁路的术语来说,就是"轴重"较轻。它是在有轨电车的基础上,为了提高运输效率、减少噪声污染,吸取地铁车辆制造和信号等高新技术而发展起来的一种城市中等运量有轨客运公共交通体系。它是一种新型的交通系统。

轻轨线路和地铁线路一样,有三种不同的铺设方式:

地下型——线路一般在交通繁忙的市中心进入地下。此种类型,造价最高。地下型又称预地铁型,考虑将来发展为地铁的可能,如德国、比利时等国初期修建的轻轨。

▲ 斯特拉斯堡轻轨车
▼ 上海轨道交通5号线轻轨车

高架型——线路包括车站均设于高架桥上,造价低于地下式,但存在着噪声、遮光等不利因素,此种形式与其他交通无干扰。如菲律宾马尼拉市1985年建成一条规模较大的现代化轻轨交通系统,线路全长15千米,为全高架式线路。

地面型——全线基本均设于地面道路的中央或道路的一侧。有的设有专用通道、运用栅栏等,将轻轨交通与其他交通隔开，避免干扰。有的则与其他交通混合运行，此种形式造价最低。地面型轻轨在线路穿过道路交叉口时，一般根据路口交通情况，可以考虑设置立交或平交，但在平交道口，均应设有自动信号及自动栅栏加以控制，使轻轨列车优先通过。

当前国外轻轨的发展趋势，一般采用地面与高架相结合的形式，采用地下型较少。

轻轨与地铁的主要区别在于两者之间的客运能力有所不同，轻轨能够适应的单向最大高峰客流量为每小时1~3万人次，而地铁能适应的单向最大高峰客流量为每小时3~6万人次。轻轨的效率低于地铁和市郊铁路，属于中等运量交通工具，一般用作中等城市的干线交通和大城市的支线交通。轻轨既可以根据当地条件和需要逐步发展成地铁，也可以形成一个独立系统，其优点是建造过程可以与当地的交通发展和城市规模相适应，分期分批进行投资建设。

轻轨交通建设已日趋现代化，它集各种先进技术于一体，无论是轨道、车辆，还是通信信号、供电、环境控制系统，都采用了现代化程度较高的技术设备，因而可以快速、安全、便捷地完成中等客运量的旅客运输任务。如加拿大温哥华市，市区人口约120万，1986年建成世界上第一条全自动化线性电机牵引的轻轨交通系统，线路全长22.5千米，信号系统由计算机集中控制，全部列车以无人驾驶全自动控制的方式运行。这是当今世界上投入运营的技术最先进的轻轨交通系统。

轻轨交通在我国也得到了人们的青睐。需要说明的是，在我国，轻轨的含义要比欧洲来得宽泛，并非特指现代有轨电车一种制式，而是泛指最大客运能力在每小时1~3万人次的所有轨道交通方式，如上海轨道交通5号线、天津滨海线、武汉1号线、重庆的跨座式单轨线以及大连轻轨、长春轻轨等。在上海城市交通总体规划中，未来的地铁和轻轨将是上海客运交通的主体。一个以地铁与轻轨为骨干的公共交通新体系将承担起我国20多个城市数以亿计人口的繁重运输任务。

（曹炳坤）

磁悬浮列车

自从上海开通了世界上第一条正式用于营业的磁悬浮列车，中国人开始对磁悬浮列车投去了从未有的关注，在国内甚至进行了一场京沪高速铁路究竟是采用传统的轮轨技术，还是直接运用磁悬浮技术的学术争论。关于轮轨技术，人们还是比较熟悉的，而对于磁悬浮技术，一般人恐怕还比较陌生。磁悬浮列车是介于轮轨高速铁路时速 300 千米和航空运输时速 1 000 千米之间的一种高速、安全、舒适、无公害的新一代地面交通工具。

在 70 多年前，美国的两位富于创造力的青年别出心裁地设计出一种利用磁悬浮技术的运输方式。根据他们的设想，强大磁场的吸引力或排斥力能把列车提升到离开轨道几个毫米高，使车体与轨道之间不发生摩擦，然后在功率强大的电动机带动下高速行驶。年轻人的这种设想在《科学》杂志上发表后，引起美国科技界的重视，当时有许多科学家与他们商讨实施的方案，但是美国政府并不支持这项技术，更谈不上出钱来建造磁悬浮列车了。"墙里开花墙外香"，1934年德国工程师海尔曼·坎普尔申请到"磁浮火车"的技术专利。如同许多科技开发项目一样，它的问世也曾历经坎坷。反对者们指责它会产生噪音，强磁场将危害人体健康，甚至对生产磁浮列车的必要性提出质疑。进入20世纪70年代之后，随着世界工业化国家经济实力的不断加强，为提高交通运输能力以适应其经济发展的需要，德国、日本、美国、加拿大、法国、英国等发达国家相继开始筹划进行磁悬浮运输系统的开发。德国自1962年开始进行磁悬浮技术的基础研究。1977年决定集中发展常导吸引式磁浮列车。1987年建成了总长31.5千米的埃姆斯兰特单线试验线，对经长期发展已大体定型的TR-07实用车进行了长期的运行试验，最高时速达到450千米，已有20万人次乘坐参观，1997年乘坐人数达4.8万人次。德国政府专门组织了专家对该系统进行全面评价、鉴定，于1991年得出了"该系统技术上应用成熟"的结论。在研制中，有些技术难题已一一得到圆满解决，如列车在运行中产生噪声的问题，经实测，磁浮列车的噪声比一般小轿车还低。

常导吸引磁浮列车是在车体两侧倒转向上的底部安装常导电磁铁，与位于上方的导向轨道上的磁铁相互吸引，使车辆浮起10~15毫米。所谓"常导"指电磁铁处在常温下，车辆和轨道表面之间的间隙与吸引力的大小成反比。为了保证这种悬浮的可靠性和列车运行的平稳性，必须精确地控制电磁铁中的电流，才能使磁场保持稳定的强度和悬浮力，使车体与导向轨之间保持10～15毫米的间隙。此种悬浮方式不需设置专用的着地支撑装置和辅助的着地轮，对控制系统的要求也可稍低一些。德国在常导磁浮技术研究领域里一直处于领先地位。

超导相斥式磁浮列车是在车上安装超导磁铁，同时在轨道上铺设连续的良导体薄板，或安装一系列封闭式的铝环。通电后的超导磁体能产生极高的磁场，成为超导磁场。所谓"超导"是指磁铁处于超低温的环境中，电阻几乎为零。当列车高速运行时，超导磁体的磁场会在轨道上的导电薄板或铝环内感应产生涡流电流，这种涡流电流产生的磁场与超导体的磁场相互作用，两个磁体会产生极大排斥力，当排斥力大于列车重量时，列车神奇地悬浮在轨面上，磁铁的磁性越强，它就悬浮得越高，并能使列车保持平稳运行。当列车在低速运行或停车启动时，悬浮力大大减弱以至消失，因此，必须在车辆上装设机械辅助支承装置，如辅助支持轮及相应的弹簧支承，以保证列车安全可靠地着地。利用这种方式率先建成磁悬浮线路的国家是日本。

磁浮列车前进的动力也是电磁力，由线性感应电动机提供。线性感应电动机跟旋转电动机一样，也是由定子和转子组成的，区别在于定子和转子的半径扩大到了"无穷大"，这样展开就成了平面状，转动也就演变成平动了。定子沿整个导轨铺设，转子安装在列车上。当定子线圈接通电流后，会产生交变的磁场，转子线圈在定子磁场中受电磁力作用，在转子和定子间产生水平推动力，推动列车前进。推进力的大小取决于定子磁场的强度、转子线圈的电流强度以及线圈的长度。磁浮列车的启动和制动都由列车运行控制中心控制。控制中心指挥列车供电系统给定子线圈通电，列车即刻启动；控制中心相应增高或降低定子磁场的频率，可使列车加速或减速；控制中心指挥列车供电系统切断定子线圈的电流，可使列车刹车并停止行驶。

电磁力不仅能浮起列车、推动列车前进，而且能用来导向。当列车车体没有左右偏移时，穿过轨道两侧的左右导向线圈的磁通量互相抵消，无电流流通，没有能耗。当车体有左右偏移时，穿过左右导向线圈的磁通量不相等，将即刻在导向线圈内形成与左右偏移成正比的感应电流，产生相应的恢复力，从而使磁浮列车在整个前进过程中始终与导轨方向保持一致。

（孙　章　曹炳坤）

"零高度"飞行的磁悬浮列车

现在，法国的"TGV"高速列车，德国的"ICE"高速列车以及日本的新干线列车，其运行速度都达到或接近每小时 300 千米。这些列车是通过牵引电动机使车轮在钢轨上作相对的摩擦转动而行驶的，称为"黏着驱动"。在"摩擦中前进"的轮轨系统中，当车速过高时，由于摩擦力太小车轮就会空转，列车就无法前进。钢轨表面结冰时，火车司机之所以要在轨面上撒沙，就是为了不使车轮打滑。轮轨黏着驱动方式有一定的局限性，因为速度越快，滚动摩擦系数越小，肯定存在某一个速度极限，当列车达到这一速度时，无论怎样加大动力，车轮只能空转。当前，轮轨系统的最高试验速度是法国人创造的每小时 515 千米，虽然此时车轮尚未打滑，但可以预料，在进一步提高速度后，车轮就会打空转。为了突破这一技术难题，就要采取"非黏着"的驱动方式。于是，磁悬浮列车就应运而生了。

磁悬浮列车是利用常导或超导电磁铁与感应磁场之间产生相互吸引或排斥力，使列车悬浮在轨面上，然后再运用线性电动机产生的推力，使列车无摩擦运行。磁悬浮列车实现列车与地面轨道间的无机械接触，能从根本上克服轮轨列车黏着限制、机械噪声和磨损等问题，它有望成为新一代陆上交通工具。运行试验表明，它具有下列优越性：

速度高。磁悬浮列车运营时速能达到500千米以上，在理论上其最高时速可达1 000千米。其速度之高是其他地面交通工具望尘莫及的。

能耗低。磁悬浮列车比传统列车节约30%的能量，以每位乘客消费能量计算，汽车消耗的能量是它的3.5倍，飞机消耗的能量是磁悬浮列车的4倍。

噪音小。磁悬浮列车运行时悬浮于轨道上面，保持一定的间隙，因而没有轮轨摩擦或碰撞声。在时速200千米以内行驶时不会有噪音出现，只有当时速超过200千米以上时，车上乘客才会感觉到由于空气动力因素产生的声响。

启动快。据测定，德国磁悬浮列车启动50秒后，时速可达200千米；100秒后达300千米；150秒后达400千米。列车启动要比高速轮轨系统快得多。

爬坡能力强。铁路的最大允许坡度为4%，而磁悬浮线路的最大允许坡度为10%。

维修少。磁悬浮列车没有车轮和钢轨的接触,因而无需处理因轮、轨摩擦和磨损所带来的频繁维修和零件更换问题,便于全自动控制。日常维修主要集中在电子技术方面,不需大量体力劳动,大大减少了维修工作量。

另外,磁浮列车以电力作为动能,无有害气体排放,不会污染环境,其发展不受汽油供应的限制。因此,有关专家称,"磁浮列车是未来理想的交通工具之一,是短途飞行的主要替代工具。"在实际应用时,它的速度可分为普(通)速(度)、中速、高速几个档次。普速的磁悬浮列车的时速在125千米以下,主要用于市内公共交通;中速的磁悬浮列车的时速在250千米左右,主要用于区域性交通;高速磁悬浮列车的时速在500千米左右,主要用于远程交通。

当前,运营时速可达500千米的高速磁悬浮列车技术已经成熟,可以进入建造实用运营线阶段。高速磁悬浮列车主要适用于大城市间长距离的高速客运,特别适用于中国、美国、俄罗斯、印度、巴西等大国。德国和日本掌握的技术虽已成熟到可以和应该建造实际运营线阶段,但由于两国领土都太小,它们的首都至各大城市的旅行距离一般不超过500~800千米。如开行时速500千米的磁悬浮列车所能带来的效益不十分显著,以及由于其他种种原因,德国和日本至今还没有一条正式的商业磁悬浮线路,但两国正谋求开拓国外市场,力争输出磁悬浮技术。

我国人口众多,资源的人均占有量远远低于世界平均水平，所以在考虑发展我国交通运输系统时，应结合我国国情，发展高速、节能、少污染、占地少的公共交通系统，磁悬浮列车正是能满足这样要求的新型交通工具之一。它的发展将会促进我国高新技术的发展，也可带动一批新兴企业的成长。世人瞩目的上海磁悬浮快速列车工程已在 2002 年 12 月 31 日建成通车，它西起地铁 2 号线龙阳路站，东至浦东国际机场，线路全长 30 千米，最高时速 430 千米。在远期规划中，有关铁路专家还建议在上海到杭州建造一条高速磁悬浮线路，全长 170 千米，时速 500 千米，这条线路建成后，从上海到杭州只需 20 多分钟便可抵达。与此同时，再建造一条从上海到南京的高速磁悬浮线路。

（曹炳坤）

海底高速铁路

英吉利海峡将英伦三岛与欧洲大陆分隔开来。长时间以来，英吉利海峡的两岸人民迫切期望修筑一条海峡隧道，将英伦三岛与欧洲大陆联结成一个整体。经过两个世纪的酝酿，长达百年的各种方案的比较，终于在1986年由法国总统密特朗和英国首相撒切尔夫人拍板定案，于1987年开始兴建。举世瞩目的英吉利海峡隧道在1994年5月6日举行了通车典礼。

英吉利海峡隧道工程是由两条主隧道和一条辅助隧道组成，辅助隧道夹在两条主隧道的中间。主隧道供列车单向通行，辅助隧道主要出于通风、维修和安全等方面的考虑。这一设计思路优点很多：两个隔开的主隧道行车，一旦有列车碰撞、脱线，不致因侵犯到另外一条线，而发生侧面冲突。一旦有事，两条主隧道之间设有的联络线可以互通，无论线路施工维修或发生事故，都可以由一线灵活地过渡到另一线。主隧道与辅助隧道之间，每隔370米设一孔连接管道，必要时可作为应急通道。海峡隧道通车后，有一次一列正在通过隧道的货物列车突然起火，设置在主隧道内侧的辅助隧道发挥了关键性作用，终于使这次危害性极大的火灾事故化险为夷。英吉利海峡隧道工程是百年来成千上万工程技术人员的智慧结晶，它是世界上第一条最长的海底隧道，技术装备和通过能力也属世界一流。

在英吉利海峡隧道开行的直通高速列车，被命名为"欧洲之星"，它的最高时速可达300千米。它选择当时法国TGV最新技术作为欧洲之星高速列车的技术基础，由新型机车牵引。列车的主要特点是舒适、经济，制动系统力量大，自动化程度高等，标志着20世纪90年代第二代高速列车的正式问世。列车上还精心设置了悬浮减震设备以及新型低噪声、低震动空调设备，计算机辅助设计还为乘客争取到了更大的活动空间，各包厢空间明显扩大，头等车厢的乘客拥有一个小"沙龙"，车上还设有电话亭。列车的外观设计也别具一格，车体涂上了银白色、蓝色，车门颜色各异，乘客一看便知该车厢属何种等级。

通过英吉利海峡隧道的各种列车有一个共同点，即对于安全问题特别重视。考虑到隧道的特殊长度（隧道本身长39千米），列车往往采用两台机车在两端推拉式牵引。为确保安全，列车两端的牵引控制系统互相独立

▲ 法国的 TGV 列车

并采用"双保险"制式。某些设备即使发生故障也不会妨碍列车驶出隧道。在正常情况下，列车是不可分的，一旦隧道中发生紧急情况，例如出现火灾，列车中部可以快速地一分为二，旅客可迅速转移到另一部分从而及时脱离危险区域。列车采用异步电动机牵引，不仅具有体积小、容量大、可靠性高、维修量小等优点，并且在多尘土、潮湿的海底隧道内，异步电动机还比其他任何电动机具有更强的防火、防电弧和抗击穿能力。此外，它还另行配备了微处理机自动系统作为补充，自始至终全面监测列车各方面的功能，如制动效果、转向架的稳定性和车内信号系统等，以保证列车和乘客的绝对安全。由于它采用了新型的发动机以及制动等设备，因此机车、设备和路轨的维修费用可降低 20% 左右。

欧洲之星列车把英国、比利时、法国、荷兰、葡萄牙、西班牙、意大利、瑞士、德国、奥地利、丹麦和瑞典的首都以及其他一些欧洲著名城市连成了一个网络。修建英吉利海峡隧道具有十分重要的意义。由于英吉利海峡隧道是铁路专用隧道，公路车辆不允许在隧道内行驶，因而这些车辆就只能装在火车上才能渡过海峡。据报道，负责建造现在这条海底隧道的公司，已经取得了专利，将在2025年以前另建一条专门供汽车通行的海底隧道。到那时，人们可以按照自己的旅程安排，驾驶汽车通过这条"海底高速公路"，直接往来于欧洲大陆和英伦三岛之间。

（曹炳坤）

知识链接

英法海底隧道

横贯多佛海峡，从英国的福克斯通到法国的桑加特，把英伦三岛与欧洲大陆连接起来。隧道由两股火车隧道和一股工作隧道构成，全长53千米，海底部分长37千米。该隧道已于1995年建成通车。

地下铁道

地铁与城市中的其他交通工具相比，除了能避免城市地面的拥挤和充分利用地下空间外，还有很多优点。首先，是运量大——地铁的单向运量可达5～7万人次，要比地面公共汽车大十多倍，是其他任何城市公共交通工具望尘莫及的。其次，是速度快——地铁列车在地下隧道内风驰电掣地行进，时速可接近或达到100千米，有的地铁列车时速可高达130～140千米，被称为地铁列车的高速冠军。第三，是无污染——地铁列车以电力作为动能，不存在空气污染问题。另外，它还具有能耗少、舒适、安全、运营正点等优点。

地铁一般是指在地下行车的铁路，但实际上地下铁道除地下部分以外，还有地面和高架部分。地铁是适用于有大客运量的城市交通设施，虽然需要很多投资，但其优点较多，所以一些国家大城市的短途客运量的25%～50%由地铁承担。

苏联是地铁发展较快的国家之一。全国十多座城市建有地下铁道，莫斯科始终坚持发展以地铁为骨干的城市公共交通系统，新开发区与旧区之间的联系都是以兴建地铁来沟通的。莫斯科地铁是世界上最繁忙的地铁之一，800多万莫斯科市民平均每天每人要乘一次地铁，地铁全年客运超过25亿人次，占全市公共交通总运量的45%。莫斯科地铁车站建筑构思新颖，气势磅礴，富有艺术特色，乘客进入车站，犹如进入富丽堂皇的地下宫殿，沉浸在美的享受之中，它以其迷人的魅力，吸引着各国旅游者。纽约、伦敦、巴黎、东京等城市的地铁总长度都有200至400千米之多，这些城市地铁的年客运量高达几十亿人次，平均日载客量有的在千万人次以上，这种大运量、快速的轨道交通，是现代化大城市最强有力的干线交通。

地铁在战时也是重要的防御工事和庇护所。第二次世界大战期间，德国法西斯大举入侵苏联时，莫斯科地铁昼夜不停地将一批批部队运往目的地，为战争的胜利做出了巨大贡献。为躲避敌机的频繁空袭，它成为天然可行的安全防空地，而且，还有200个小生命在地铁降临。当法西斯频繁空袭伦敦时，地铁有79个车站被用于防空袭隐蔽，并有一段8千米的地铁曾被用作装配厂，还有很多珍贵文物，许多精密仪器、急救药品也贮藏在地铁里。第二次世界大战后，莫斯科还建造了一条秘密

▲ 伦敦地下铁交会车站

专用地铁,其主要任务是维持和保证前苏共中央的工作,在战争时期,便于党和国家领导人在市内行动,确保他们的人身安全。

随着科学技术的发展,地铁已日趋现代化。地铁车站大都设有自动售票机和自动检票机。有的自动售票机还接收纸币,并能辨别真伪,发现伪钞就拒收退回。地铁现代化的发展,已成为城市交通现代化的重要标志之一。现代化地铁为了确保乘客的安全,设有一整套灭火救灾的自动监测系统,并在车站站台的边缘设置一排屏蔽门,与轨道完全隔离开来,保障乘客上下车安全和防止物品掉下轨道,屏蔽门是由电脑自动控制的。法国等国已采用无人驾驶地铁列车的先进技术,这种高度自动化的先进的地铁系统是由地铁控制中心用监视器和大型电子计算机监控的,连接中央控制室的监视器不仅安装在各车站,而且安装在车厢内,为无人驾驶地铁内的乘客安全提供了保障,它集中展现了地铁安全、迅速、全自动的新技术。这种先进的地铁系统还采用空气橡胶轮胎车辆,这种空气橡胶轮胎车辆的特点是噪声小、黏着力大、乘坐舒适性好。

地铁已成为大城市人口稠密区的主要客运交通方式。当今世界上，建造地下铁道是一个国家或城市经济繁荣、社会进步的象征，是现代化城市的标志，更是解决城市交通拥堵的有效途径。现在，地铁以其独特的魅力和不可替代的优越性备受青睐。本来有的国家规定百万人口以上的城市才能修建地铁，现在国外很多只有几十万人口的城市都在修建或计划修建地铁。目前，全世界已有125座城市开通了地铁，总长度超过7 000千米。如今，中国的经济也进入持续发展阶段，各大城市也都有建设地铁的积极性。21世纪，将是地下铁道建设的新纪元。

（曹炳坤）

高速铁路

20世纪50年代,日本国民经济正处在蓬勃发展时期,铁路是国民经济的大动脉,落后的铁路运输已成为日本经济发展的"瓶颈"。东海道新干线处于日本经济最发达的东海道地区,面积占全国10%,人口占36%,国民收入占47%,商品销售额占61%。日本从1957年开始热烈讨论修建东海道新干线问题,希望当时世界铁路最快时速从130千米增至210~220千米,但这项计划被很多人看成是不可思议的。后来,铁路部门修建了40千米的铁路试验线,做了各项运行试验,试了新车型、道岔与信号,经过两年的艰辛努力,铁路试验取得了很大进展,火车运行试验最高时速达到250千米。铁路运行试验虽取得了可喜成果,但仍遭到很多人的责难和反对,当时日本国铁的10位负责人,只有2人赞成修建东海道新干线。新生事物在茁壮成长的过程中，总会遇到不少困难和挫折。在一片反对和责难声中，日本国铁总裁力排众议，决定修建东海新干线。

日本是世界上最早发展高速铁路的国家。1964年10月1日，东京奥运会开幕前几天，日本在本州岛建造的第一条高速铁路——东海道新干线正式投入运行。这条铁路从东京直通大阪，全长515千米，时速210千米。它也是世界上第一条高速铁路。新干线的设计标准比既有线高，并尽可能采用直线或大半径曲线，因此，建成了新干线之后，城市间的距离可比既有线路缩短很多，东京至大阪既有线552千米，而新干线仅515千米。新干线通车前，东京至大阪，乘坐既有线特快客车需要6小时30分，而新干线只需3小时10分（初期运营），而现在运行时间只要2小时多一些。据学者们估计，仅以缩短时间计算，日本国民经济可得益10万亿日元以上。日本东海道新干线的建设，对于解决日本经济最发达的东海道地区的交通运输问题起了有决定意义的作用，从而促进了20世纪60年代后日本经济的起飞。

日本东海道新干线速度快，列车控制技术先进，间隔时间短，可做到高密度行车。东海道新干线，由6点至24点的18小时内，每天行车可排定的列车次数比既有线多得多。新干线采用长、大编组，每列车输送定员超过1 000人，它的运力约为日本国内航线巨型喷气式客机的2倍。此外，由于飞机场一般都设在远离城市中心的郊区，所以由机场至市中心非常不便，花时间较多，而新干线的主要车站都设在城市中心，非常方便，乘飞机旅行时间加上由机场至城市中心需要的时间反而比乘坐新干线的时间还多。因而，很多乘客由原来乘飞机改乘高速铁路。将高速铁路起始站建在市中心区，是日本国铁的明智之举，这项举措，深受乘客欢迎和赞赏，使日本高速铁路完全可与航空相媲美。现在，法、德等国家高速铁路都借鉴日本的经验，同样取得了良好的效果。

▲ 新干线
▼ 日本时速300千米的"子弹头"列车

日本东海道新干线开通后，由于它的快速、安全、准点、方便、舒适等优点，越来越受到人们的青睐，乘客不断增加，迫使日本航空公司部分班机停运，这是有史以来日本铁路在与航空的竞争中首次获胜。随着客运量的增长，日本铁路收益大幅度增加，修建高速铁路的投资本息均在经济回收期内全部偿还。日本高速铁路基本上消除了粉尘、油烟及其他废气污染。因此，它为人类开拓了一条能改善生态环境、节省能源、减少事故和缓解交通紧张的新途径。目前，日本高速铁路拥有很高的运输市场占有率，成为日本城市间运输旅客的骨干。40年来，新干线不仅为日本经济腾飞、社会发展起到巨大作用，而且为世界高速铁路的兴起奠定了基础。

　　日本声言，21世纪是新干线时代。日本要使新干线总长从目前的2 000千米增加到7 000千米，届时在全日本将形成以东京为中心的高速铁路网，即形成以东京为中心的"全国一日交流圈（即从东京到任一其他大城市办事可当天返回）"。日本还要开发时速350千米的"21世纪之星"的高速列车。

（曹炳坤）

无砟轨道

　　轨道是列车运行的基础。轨道是由钢轨、轨枕、联结零件、道床、道岔以及附属设备组成的。钢轨通过联结零件被紧扣在轨枕上,轨枕埋在道床内,道床则直接铺在路基面上(钢轨以下的全部支承体称为轨下基础)。这些要素用科学而可靠的方式组合在一起,使轨道系统构成一个共同受力的整体,用以引导列车的运行和承受高速行驶列车的荷载,而且能将荷载均匀地传递给轨枕、道床以及支撑轨道结构的路基。

　　城市轨道交通结构中,主要功能是通过扣件、轨枕、道床固定钢轨的位置,支承钢轨并把所受的荷载传递到轨下基础之下的路基、隧道、桥梁上。轨下基础必须持久可靠地保持轨道的几何线形,满足列车运行对轨道结构的要求,同时具有足够的强度、一定的弹性和绝缘性,提供良好的运营条件。轨下基础具有一定的减振降噪作用，降低轨道交通对环境的负面影响。

道床铺设在轨枕之下路基之上，分为有砟（碎石）道床和无砟道床两种，按其不同的方式分为地面线、地下线、高架线三种类型：地面线路的轨下基础多为有砟道床；地下线路和高架线路则采用无砟道床。

地下铁道自 1863 年问世以来，在长达一个多世纪的时间里，地下线路的轨下基础也是传统的有砟轨道结构。随着社会的进步，经济的发展，城市人口的增加，环境意识的增强，城市轨道交通采用的传统有砟轨道结构已经不适合城市轨道交通的特点和要求。有砟道床的缺点是轨道建筑高度较高，增大了隧道的开挖断面，加大了工程投资。同时养护维修工作量较大，维修环境差。另一方面，城市轨道交通行车密度大，最大行车密度可达每小时 30 对以上；行车时间长，一般为每天 17~18 小时或更长，轨道养护维修作业时间短，只有停运后的夜

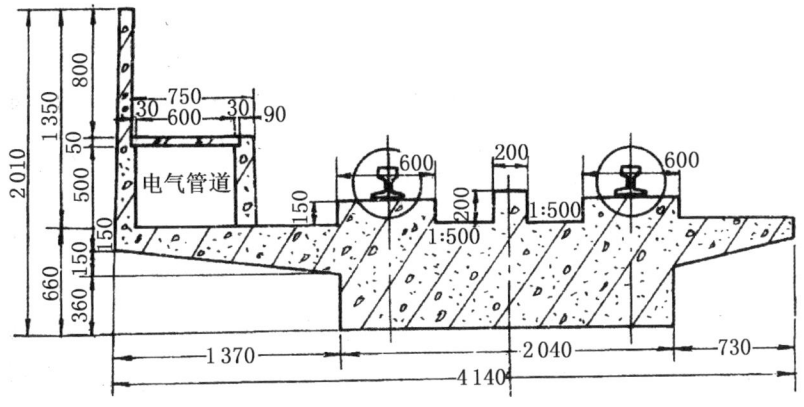
▼ 高架混凝土桥无砟轨道结构

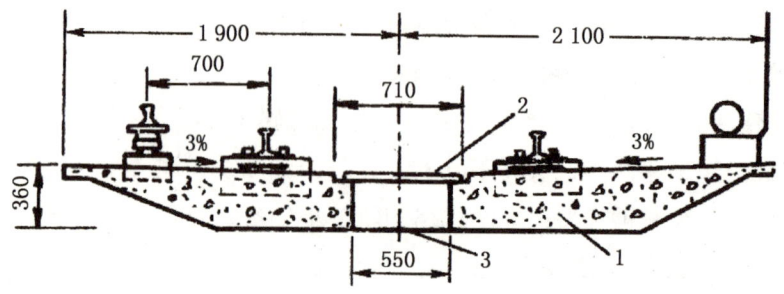

▲ 区间内整体道床
1—C28 混凝土；2—水沟盖板；3—基标。

间 5~6 个小时，需要采用较强的轨道部件。因此，城市轨道交通的地下线路和高架线路一般都采用无砟道床以增加轨道结构的强度，延长使用寿命，并减少养护维修工作量。因此无砟轨道作为城市轨道交通的轨下基础被世界各国在近几十年的轨道交通建设中广泛采用。我国城市轨道交通地下线、高架线也都采用无砟轨道结构（即整体道床）。

无砟道床有多种形式。一种是轨枕式整体道床。轨枕式整体道床分为长枕式、短枕式整体道床和连续支撑的纵向轨枕式整体道床三种，前两种在城市轨道交通地下线的整体道床中被广泛应用。长枕式整体道床是将长轨枕埋在整体道床内。长轨枕长 2.1 米，在工厂预制，用轨排法（事先将钢轨和轨枕连在一起组成轨排）施工进度快，精度易保证。长枕式整体道床整体性强，刚度大，适合于在软土地层中铺设。上海地铁 1 号线、2 号线均采用了此种道床。短枕式整体道床是将短轨枕埋在整体道床内，短轨枕可在工厂预制，施工方法简便，施工进度快，精度易保证，且重量较轻，制造方便，造价较长轨枕低。北京、天津、广州地铁均铺设此种道床，正在施工的深圳地铁也铺设了短枕式整体道床。

第二种为整体灌注式整体道床，也就是无枕式整体道床。

第三种是支承块式整体道床，此种道床是将预制好的钢筋混凝土支承块与混凝土道床浇筑成一体，我国干线铁路和北京、天津的地铁采用的就是这种道床形式。此种形式的整体道床的成本较低，施工精度易保证，但整体性和减振性能较差，施工也比较复杂。

第四种是弹性短枕式整体道床。弹性短枕式整体道床与短枕式整体道床的结构基本相同，不同的是弹性短枕式整体道床是在短轨枕与道床间，设置橡胶减振套，降低了道床应力，减小了振动。北京地铁东四十条站就铺设了这种道床，经现场测试，减振效果较好，但橡胶套的材质及更换技术尚需进一步研究。

最后一种是浮置板轨道结构，1968年由德国科隆地铁首次采用，美国和加拿大地铁也采用了浮置板轨道结构，我国目前在香港、广州地铁和北京市的高架轨道交通线路上采用。浮置板轨道结构由钢筋混凝土板和支撑它的隔振系统组成，形成一弹性体系。这种轨道结构是把轨枕板置于可调的弹簧上，这是一种隔振系统，其基本原理是在上部建筑和基础间插入一种固有频率远低于共振频率的线性谐振器，以减少传递到结构的振动力和振动加速度，这种结构减振效果显著。目前，浮置板隔振系统有橡胶隔振和金属弹簧隔振等两种结构，适用于地下线和高架线有特殊减振要求的地段，这种轨道结构的缺点是造价较昂贵。

轨道交通高架线上的无砟道床是通过扣件直接把钢轨与混凝土桥面联结起来。目前，城市轨道交通高架线路轨下基础应用较广泛的是在混凝土梁上二次浇注混凝土纵向承轨台。与有砟轨道相比，无砟轨道结构可减小桥梁静荷载，降低梁的高度和造价并大量减少养护维修工作量；其缺点是二次浇注施工比较复杂，施工精度要求较高。

（曹炳坤）

知识链接

无砟轨道的缺点

无砟轨道相对有砟轨道的经济效益仅能从有砟轨道需要增加的维修费用计算得到。现在有砟轨道的维修在很大程度上实现了机械化和自动化，比手工作业费用要低，并能够持久地保持轨道几何状态。无砟轨道也需要维修，钢轨打磨工作量相对有砟轨道要增加，随着无砟轨道使用时间的增加，伤损将增多，经济效益相对来说将降低，而且无砟轨道的修复工作比较复杂，并需要大量费用和时间，一旦损坏引起长期关闭线路带来的投入将相当大，也是初期无法计算或预料的。

隧道内的无砟轨道相对有砟轨道具有良好的经济效益，但桥上和路基上的无砟轨道经济效益往往差一些，限制基础的长期沉降需要额外的费用，比有砟轨道要增加 2.0~2.5 倍。

混凝土无砟轨道为刚性承载层，当达到承载强度极限时将产生断裂，并引起轨道几何尺寸的突然变化和难以预见的恶化。

海上铁路

2003 年连接中国大陆与海南岛两地铁路的"粤海铁轮渡 1 号"正式投入运行。此渡船由上海江南造船厂建造,排水量 1.34 万吨,载重 4 080 吨,总长 165.4 米,型宽 22.6 米。艉端开放,分为三层。可装载货物列车 40 辆或旅客列车 18 辆,并可以载汽车 50 辆,载人 1 360 人。航速不低于 15 节(1 节 =1.852 千米/小时),能抗 8 级风浪。至此,海南岛上的铁路系统与祖国大陆的铁路网分隔状态正式宣告结束。1989 年末,海南省曾举行过一次学术研讨,当时海南岛只有两段互不连接的线路,海南省的省城海口都没有铁路。对此,与会专家一致建议政府一方面把环岛的铁路修通,同时应着手建立跨越海南与雷州半岛之间的琼州海峡铁路通道。因为铁路有运量大,运输成本低,尤其是速度相对较快,又适合运输大宗货物的优点,加上铁路在大陆已初步建成网络,通过某种途径把海南与大陆的铁路沟通,确实是一种很高明的决策。专家们在选择是通过跨海大桥、海底隧道还是火车轮渡作为跨海铁路通道的方案时,经过了一番科学论证。由于琼州海峡复杂的地质地貌,在较短时间、较低投资的前提下难以实现运用桥梁或隧道方式跨越海峡。专家反复论证,最后做出了近期先以火车轮渡作为铁路跨海方式的决策。

火车轮渡的正式名称叫铁路轮渡,不论是跨越海洋,跨越江河,还是跨越其他水域,它都有此岸和彼岸,由两岸的轮渡站和引线、栈桥、靠船设备和渡船等建筑物和设备所组成。

轮渡站是列车尚未装上渡船以前进行一系列作业的地方。因为渡船的长度有限,长长的列车必须解体,经过调车作业,让其成为只有几节车厢组成的小组,再用火车头分别推入或拉上轮渡,由引线与栈桥相连。到达对岸后,在对岸的轮渡站,通过调车作用,重新组成整列的列车。

栈桥,也称码头,顾名思义是供机车车辆上下渡船的建筑物。栈桥是一种桥

▼ 日本跨海火车轮渡

梁建筑物，因此它的结构与一般的桥梁相仿，由桥墩、桥台钢梁、跳板梁和升降机械设备所组成。与一般桥梁相比，区别在于：一般桥梁的梁部与轨道的轨面是固定的，而且桥梁跨越了整个河流；而栈桥的梁部和轨面可以根据水位的涨落而升降，轨面坡度也可调节。一般的桥梁，在两岸与路基相连是桥台，在中间都叫桥墩；而栈桥，它只有一头是桥台，另一头是跳板梁，用跳板梁来连接渡船，运用升降设备来调节栈梁的梁体和跳板梁，以使上面的轨面高度与渡船的轨道在不同水位时都能安全连接，使机车车辆能够上下渡船。

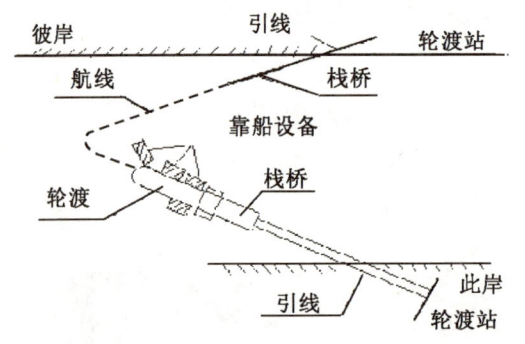

▼ 铁路轮渡示意图

靠船设备。由于渡船停靠栈桥时，不仅要求它准确定位，同时也要防止它对栈桥的撞击，因此在船舶最后靠栈船的地方，设置一组由钢筋混凝土或钢轨组合在一起的桩上的承台，靠船一侧设置木挡板，这就叫靠船设备（如左图）。

渡船，不言而喻就是本文的主角，就是火车乘的轮船。渡船甲板上铺有轨道，另外，应配有固定车辆车轮的装置。因为船舶在海洋江河中行驶会遇风浪，要防止车辆移动，船头、船尾都装有推进器，船头的推进器既可为渡船停靠栈桥时产生减速制动力，又可为渡船驶离栈桥时产生启动力。

在我国渡大江大河时应用铁路轮渡已有很长的历史，长江上的南京与浦口之间、芜湖与裕溪口之间都有铁路轮渡。早年从上海到北京去，到南京坐在火车上看轮船摆渡过江是老一代旅客记忆犹新的事情。随着时代的变迁，南京长江大桥和芜湖长江大桥建成，两处铁路轮渡都完成了历史使命，但我们不能把火车轮渡看作是比桥隧落后的工具。在国外，铁路轮渡仍旧被广泛地运用着，有些铁路轮渡甚至是在做海洋长途运输的"旅行"，定期定班地行驶在各大港口之间，甚至进行跨国界的运输，而且跨海轮渡的距离越来越长。如美国的西雅图至阿拉斯加惠蒂尔的航线长达 2 660 千米，这条航线也被看作是铁路线路的组成部分，我们也可将其称为海上铁路。更有甚者，1988 年，有一列漂洋过海的火车轮渡途经我国，那就是举世瞩目的"东方列车"。它于 9 月 5 日从瑞士苏黎世出发，途经法国、德国、波兰、俄罗斯、中国，于 10 月 18 日到达日本东京，行程 15 494 千米，成为世界上行程最长的洲际列车。

（钱平雷）

船舶动力

最早的船舶以人力为推动力,独木船、筏船、皮船及其后来出现的木板船都是用人力为推动力。由人撑篙、划桨、摇橹,使人力转化为推动船舶前进的动力。先后出现了撑篙船、划桨船、摇橹船,此后还出现了直接利用人力拉动船舶的纤力船,纤夫在江河岸边前进,利用纤绳拉动船舶前进。一首脍炙人口的歌曲"纤夫的爱"使当今的人们对拉纤有了感性认识,纤夫通过纤绳使人力转化为船舶推动力。

在船舶动力演变史上曾经出现过畜力船,最原始的畜力船是把牛、马、骡等牲畜编成队,代替人力拉纤。这种畜力船遇到沟、坎等地面障碍时,就难以通行。于是,出现了把牲畜装在船上的畜力船。这种畜力船的甲板中央装有绞盘,绞盘周围连接许多杆子,把牲畜用绳子缚在杆子上,让牲畜绕着绞盘转圆圈。畜力船启航前,用一条小艇把系有绳索的船锚运到前方,抛下水。然后驱赶畜力船上的牲畜,让牲畜绕着绞盘转动,带动卷筒,拉紧绳索,船舶就顺着绳索前进。

人们在畜力船使用中发现:畜力不是船舶理想的动力,当暴风雨来临,船舶颠簸,牲畜受惊,停在甲板上不动,绞盘不再转动,畜力船也停止前进。而且,畜力船在使用上有局限性,不能漂洋过海。这样,畜力船被淘汰了,成为失败的尝试。

用风力推进的船舶是帆船。公元三千多年前,古埃及人发明了方帆船,船上的帆是长方形的,装在上、下

▼"圣玛利亚"号远洋帆船

两桁之间。船上的帆和桅不用时，可折起来收藏。地中海沿岸国家最早使用帆船的是腓尼基人，在11~13世纪，地中海地区出现一种坚固的狭长帆船，能在波浪滔天的海上航行。到了15世纪，欧洲一些国家的航海家，乘帆船出海，进行海洋探险。哥伦布乘坐"圣玛利亚"号远洋帆船发现了美洲新大陆。随着殖民掠夺的开始，葡萄牙、西班牙、法国、英国相继建造能远涉重洋的新式贸易帆船和大型风帆战船。帆船时代一直持续到19世纪，欧洲国家的"飞箭"式帆船航速达到每小时18.25千米。

我国也很早开始使用帆船。公元4世纪末，著名和尚法显乘帆船出海，到印度、锡兰去讲学。到了唐代，出现用于贸易的远洋帆船，船长二十多丈，可载六七百人，经常往返于中国与阿拉伯国家之间的海洋上。到了明代，我国远洋帆船发展到巅峰时期，郑和率领二万七千余人，7次下西洋，郑和乘坐的宝船长44丈、宽18丈，船上装有9桅12帆，靠风力作动力远航太平洋、印度洋。

船舶动力发展史上革命性演变是机械动力的出现。蒸汽机被用于船舶，出现了蒸汽机轮船。世界上第一艘蒸汽机轮船是由美国发明家富尔顿制造，他在1802年春天在法国建造了一艘蒸汽机轮船，停泊在塞纳河上，一场风暴把它折断。富尔顿没有止步，他又重建一艘蒸汽机轮船，命名为"克莱蒙特"号，船长45.72米，宽9.14米，船上装有蒸汽机。1807年，"克莱蒙特"号在美国哈德逊河上试航，获得成功，它以每小时 6.4 千米速度，航行 91.4 千米。从此，美国哈德逊河开辟了定期航班，蒸汽机轮船正式投入使用。

我国第一艘蒸汽机轮船是"黄鹄"号，于 1865 年由徐寿设计、安庆制造局建造，是一艘木壳轮船，船长 55 尺，排水量 25 吨，装有单缸蒸汽机，航速每小时十几千米。"黄鹄"号试航时曾经轰动一时，可惜它未投入实际使用。

由于蒸汽机体积大、功率小、效率低，所以，蒸汽机轮船被逐步淘汰，现代舰船的常用动力装置是内燃机和汽轮机。

内燃机由汽缸、活塞、连杆、曲轴组成，利用燃油在汽缸内直接燃烧，燃烧后气体膨胀，推动活塞运动，再通过连杆使曲轴转动，带动推进器运转。内燃机体积小、重量轻、效率高，可用柴油、汽油、煤油或煤气、天然气作燃料。船上用的内燃机以柴油作燃料，故称柴油机。烧汽油的内燃机叫汽油机，烧煤气的叫煤气机。汽油机、煤气机功率小，仅用在小型船舶上。

汽轮机是现代舰船上的一种重要动力装置，有蒸汽轮机和燃气轮机两种。蒸汽轮机是利用锅炉烧出来的蒸汽，通过喷嘴冲到装有叶片的转轮，叶轮旋转，带动推进器推进船舶。蒸汽轮机功率大、效率高，适合于大型舰船。燃气轮机是将空气先经压缩机加温，然后通入燃烧室，燃油在燃烧室燃烧，产生高温燃气，再进入涡轮机，冲击涡轮机上的叶片，使涡轮机高速转动，带动推

▲"企业"号航空母舰

进机工作。燃气轮机不需要锅炉,重量轻,体积小,功率大,可作为大型舰船的主机。

现代舰船中有用电力推进的,电力来自蓄电池或船用发电机。一些小型水面舰船或水下舰艇,利用柴油机或汽轮机带动发电机发电,转动推进电机推进舰艇。

一些大型舰船,还有采用核动力的。世界上第一艘核动力潜艇"鹦鹉螺"号于1955年1月开始试航;世界上最早的核动力航空母舰"企业"号于1961年12月建成服役;世界上第一艘核动力商船美国的"萨瓦纳"号于1962年5月建成,投入运行。

机械动力用于船舶是船舶动力的一次革命,有力地促进了船舶发展。现代船舶装上了日益进步的动力装置,才使船舶装得更多,跑得更快,走得更远,用途也更广泛。

(施鹤群)

船舶推进记

一艘艘万吨级海船载着千吨、万吨货物,来往于世界各地的海洋上。万吨级海船为什么能在海上跑得那么快?船舶是怎样被推进的?

古代船舶靠人力推进。最原始的独木舟开始时用手脚划水,其后改用树枝、木片来推进,后来在树枝、木片基础上出现了竹篙、划桨。

竹篙用竹子做成,端部装有铁钩,用来支撑河底、河岸,利用反作用力来推进船舶,是最原始的推进工具。但是,在河宽、水深的江河中,竹篙无法使用。于是出现了划桨,起初的划桨制作得简陋、粗糙,将一截木棍的一面削成扁平形,就成了划桨。最初的划桨船很小,只有一两把划桨。

为了提高船舶速度,划桨被制作得越来越轻巧,装

▲ 郑和宝船

在船上的划桨数量也逐渐增加，不仅在两舷配上划桨，还在船的高度方向配上划桨，出现了多层桨船。古罗马曾建造了三层桨帆战船，用于水战。古代桨船上的划桨手都是遭受奴隶主残酷剥削的奴隶，他们被锁在船舷处，像牛马一样不停地划桨，推进船舶。划桨是一种简单、方便的推进工具，划桨船在世界各地都出现过，至今还在应用。

桨的另一种形式是橹，它的形状如同一把巨大的琵琶，是我国劳动人民的创造。橹用绳索吊在船尾，在船的尾端安装一个铁质的橹头作支点。摇橹时，橹板来回拨动水流，靠水的反作用力推进船舶。一支橹可以一人

◀多层桨船

摇,也可多人摇。一艘船上可装一支橹,也可装多支橹。橹制造简单、使用方便,至今还在我国江南水乡及沿海地区被当地人使用。

船舶的发展,风力代替人力,出现了帆船。帆船上的推进工具便是风帆,张挂于船桅上。风帆有纵帆和横帆两种,西洋帆船用的是横帆,我国帆船用的是纵帆。在我国古代远洋帆船上,装有三到五根桅杆,靠风帆推进来远航。

船舶的发展促进了推进工具的改进。我国唐代,李皋集中当时劳动人民的智慧,发明了车船。车船舷侧装有2个轮子,用脚踩踏车轮,激水前进。到了宋代,车船大量应用,出现了装有8个轮子的车船,最多装有24个车轮。南宋时,曾出现过有三层高、乘坐千人的大型车船。那时,杨幺在洞庭湖地区建立农民起义军根据地,曾经建造大批车船,与宋朝官军战船进行水上交战,击沉大批宋朝官军战船。

蒸汽机用于船舶成为船舶动力,与蒸汽机配合使用

▲ 南宋车轮战船模型

的推进工具是明轮。它是在转轮的外缘上，装上叶片，成为能旋转的桨轮，装在船舶两舷或船尾，因为它的一部分露在水面上，故称明轮。蒸汽机带动桨轮转动，桨轮上叶片拨水，推动船舶前进。

明轮根据布置位置分成两类，分别为舷侧明轮和船尾明轮，用蒸汽机来带动明轮转动，推进船舶。19世纪，西方国家广泛使用明轮。由于蒸汽机船上装有明轮，故称为轮船。尽管明轮推进器要比篙、桨、橹等推进工具前进一步，但是，它结构笨重、效率低，特别是遇到风浪，明轮上的叶片部分或全部露出水面，使船舶不能稳定航行。而且，明轮的叶片使用时容易损坏。

在明轮船基础上，产生了螺旋推进器。螺旋推进器又称螺旋桨，有3至6片叶片，表面呈螺旋

▲ 各种各样的螺旋桨

形,叶片有宽有窄,有各种各样形状。通常,螺旋桨装在船尾。当桨叶转动激水,水的反作用力成为船舶推动力。螺旋桨的出现和应用是船舶工具的一大进步。螺旋桨重量轻、效率高,无论跟什么动力装置都可较好配合。同时,螺旋桨结构简单、牢固,又深入水下,保护良好,不易损坏。所以,螺旋桨取代了明轮,成为船舶的主要推进工具。现代船舶大多用螺旋桨推进。

在一些拖轮、推轮和货轮上,为了增加推力,在螺旋桨周围加上导流管,成为导管螺旋桨。导流管的作用是,它可以增加30%～35%的推力,以满足航行需要。在一些货船、渔船、军舰上,载荷经常发生变化,会影响螺旋桨效率。为适应载荷变化,出现可变距螺旋桨,它的螺距可以通过一套变距机构进行调节:载荷大时,螺距小些;载荷小时,螺距大些。这样,可变距螺旋桨在各种装载情况、各种速度下,都可保持高效率。

船舶推进工具中,除了螺旋桨外,还出现了喷水推进器和直翼推进器。

喷水推进器用水泵作动力,将水从船底孔吸入,经由舷部的管子,把水从船后方向排出,靠水的反作用力来推进船舶。喷水推进器不受吃水影响,可在浅水水域航行。

直翼推进器是在一个特制的平圆盘上,安装几片像剑样的叶片,这些叶片不仅能随平圆盘转动,还能通过操纵机构自身转动。由于叶片的作用如机翼,水流流经其表面,产生水动力,可转化为船舶推动力。这样,通过操纵机构可控制推力大小、方向。直翼推进器能在各种航行条件、各种速度下,保持较高推进效率,它适用于拖轮、渡轮、扫雷舰等载荷变化大、机动性要求高的舰船。

(施鹤群)

船舶的耳目

新造的海船驶出港口,大海茫茫无边,哪是南?哪是北?船舶处在什么位置,要驶向何方?在波涛汹涌的海面上,船舶怎样保持航向?

古代的船师靠观看日月星辰来估测方向。要是阴雨天,看不见日月星辰,就靠指南针。指南针是由中国古代劳动人民所发明,很早就应用于航海。世界上第一部记载指南针用于航海的书是北宋宣和年间的《萍洲可谈》,书中写道:"舟师识地理,夜则观星,昼则观日,阴晦观指南针。"北宋徐兢的《宣和奉使高丽图经》中也写道:"若晦冥则用指南针以揆南北。"

由此可见,在我国宋代时,指南针已作为一种测向工具应用于海船上。古代海船上使用的指南针是一种水罗盘,由指南磁针与方向盘组成。古代的船师利用这种水罗盘辨别航向。明代航海家郑和七次下西洋，远航东南亚、阿拉伯、东非，乘坐的宝船上就装有水罗盘。

现代船舶上装备的测向仪器是罗经。罗经有两种——磁罗经和电罗经。

磁罗经是在罗盘的基础上发展而成，磁针由永久磁铁制造，具有磁性，在地球磁场作用下指示南北。磁罗经的缺点是易受钢铁船体的磁性及船上电气设备的

▲ 海船上的罗盘

磁性干扰，产生误差（即自差），影响测向精度。

电罗经是利用陀螺原理制成，故又称陀螺罗经。有的青少年玩过转陀螺的游戏，陀螺转动后具有保持方向的能力，陀螺的旋转轴线所指的方向不变。电罗经的心脏部位是陀螺仪，其陀螺要用高速电机驱动，一经启动，便能绕着自己的轴线高速转动，固定地指向正北方，不受地磁影响。世界上第一台陀螺罗经由德国人安修士于20世纪初发明。

船舶在海上航行，要随时知道自己的船位，并随时检测自己的船位是否在预定的航线上，这就是船舶导航。

船舶怎样确定自己船位，确保在预定航线上航行呢？

船舶测定船位的方法有两种。一是航行推算法，从

 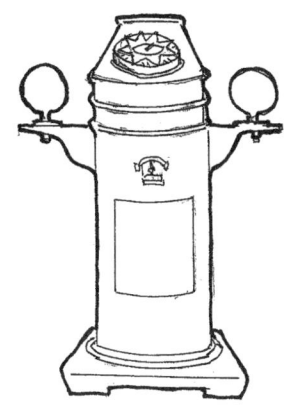

▲ 六分仪和磁罗经

航行的起点算起，根据罗经指示的航向，计程仪提供的里程，在海图上推算船舶的位置；二是船位测定法，包括观测天体定位的天文导航和接收无线电波定位的无线电导航。

　　天文导航是利用观测天体的一种叫六分仪的仪器来测量天体高度。六分仪是一种手提的测角仪器，用来测定目标方位角和距离。六分仪可以测定两个目标间的水平夹角、垂直夹角，也可测定天体方位角、天体高度。应用六分仪测得天体高度后，再查找天文历，得到天体此刻的地理位置，从而测得船位。

　　无线电导航是通过在岸上或岛屿上的无线电导航台，发出电波。在海上航行的船舶利用船上的无线电测向仪，测得无线电导航台方位，连续测得它的方位，或者再测得另一个已知位置的无线电导航台，便可测得船位。

　　卫星导航是利用人造地球卫星作为导航设备，导航卫星在地球轨道上有规律地运动，作为海上航行的定向标。利用卫星导航的船舶要有专门的设备，才能测得所需导航的参数。卫星导航测定船位的过程完全是自动的，精确度高。

现代船舶的眼睛是雷达。船用雷达由发射机、接收机、显示器、天线和电源等部分组成。发射机用以发射无线电波；接收机用以接收由目标反射回来的电波；显示器是将回波信号经过变频、中放、检波后，在荧光屏上显示出来。哪个方向有回波，哪个方向就有目标，并可测得目标的方位、距离。

船舶上装了雷达，就可对周围海面情况了如指掌。无论白天、黑夜、狂风暴雨，有了船用雷达就可看清周围的海面情况，保证航行安全。

现代船舶的耳朵是声呐。声呐是由发射器、接收器、指示器或记录器、电源等仪器组成。发射器发射声波；接收器接收到目标反射回来的声波；指示器或记录器能将接收到的声波放大，在指示器中显示出来，或在记录器中记录下来。

船舶上装了声呐，可以及时、准确地测得海底礁石或沉船位置，还可测得海底深度，保证航行安全。对于军舰来说，利用舰上声呐可测得水雷、潜艇等目标。

除了上述导航、观测仪器设备外，现代船舶上还装备多种航海观测仪器。

航海望远镜有单筒、双筒之分。单筒望远镜放大倍数大，观察距离远；双筒望远镜目标清晰，使用方便。航海望远镜是航海人员必不可少的观察工具。

测距仪是用于测量目标距离的仪器，它形式很多，通常是一个长形圆筒，由物镜、目镜、测距转钮组成。军舰上都装有测距仪，用于测定目标距离，以决定火炮、鱼雷的射程。

方位仪是罗经的附属仪器，与罗经配合使用。方位仪种类多，有方位镜、方位杆、方位盘，它们都用来测量目标在水平面上相应于罗经的度数。通常，它们装在罗经上，用它对准目标，便可方便地测得目标方位。

计程仪是用于测量航程的仪器。早期船舶上装的是转轮式计程仪，通过测量海水流速，测得船舶航速，再通过计时装置得到航程。现代船舶上广泛使用电磁计程仪，利用电磁感应原理，测得船舶的航速和航程。

此外，船舶上装备的航海仪器设备还有计时用的船钟、秒表，测量深度用的测深仪，用于航海参考的海图等，它们均是必不可少的航海工具。

船舶靠了这些航海仪器、设备的帮助，才使得船舶耳聪目明，对海上情况了如指掌，以保证航行安全。

（施鹤群）

货物运输

～～～～～～～～～～

当前世界的货物运输中货运量最大的是水运。由于水运比陆运、空运来得经济，水运的货运量又远大于陆运、空运，特别是海上货物运输，在当前的货物运输中占有主要地位。随着全球经济一体化进程，国际贸易量剧增，大量货物是通过海上货物运输来完成的。

海上货物运输通过货船来完成。货船是专门从事海上货物运输的船舶，是货物运输的主角。目前世界上，货船种类繁多，吨位、大小也各不相同，小的几百吨、上千吨，大的几万吨、几十万吨。随着海上货物运输量和种类的增加，货船的种类也日益增多。

作为货物运输主角的货船，按照其用途和特点，大致可分为以下四大类：

第一类是普通货船，它是最常见的货船，专门用来装运成包、成扎、成箱的干货,所以,它又叫干货船。在普通货船上,设置有宽敞的货舱,用于装货,甲板上安装有门式或人字形吊杆及各种类型的起货机械。普通货船上的上层建筑比较矮小,甲板层数不多,生活设施简单。

在货运船舶中,普通货船占有较大比重,排水量从几千吨到几万吨。我国在20世纪50年代末建造的"东风"号货船,就属于普通货船一类。"东风"号是我国自行设计、建造的第一艘万吨级货船。

有的普通货船上除了装运货物外,还能装载少量旅客,所以这种普通货船又可称为客货船。在我国沿海航行的货船中,就有一批船舶属于客货船一类。

第二类是散装货船,专门用来运输不加包扎的货物,如煤炭、矿石、木材、牲畜、谷物等。散装货船与普通货船不同,它的机舱一般设置在船尾,船上的起货设备特殊。散装货船按照装载物的不同,可分为不同种类。

用于装运煤炭的是运煤船,它的舱口比较宽大,便于用抓斗装卸煤炭。为了防止煤炭在煤舱

▼"东风"号万吨级远洋货船

▲ 广船国际的运木船在下水

内滚动,在煤舱的底部设有许多纵向挡板。有的运煤船不用抓斗、吊杆,而是在煤舱的舱底设有皮带运输机,可与岸上运输机相接,能自行装卸煤炭。

专门装运矿砂的是矿砂船。由于矿砂是重货,比重大、容积小,易损坏船体。为此,矿砂船构造坚固,货舱的舱底多半呈斜面,货舱内还装有纵向挡板,它既能防止矿砂纵向滚动,又能增强船体强度。

专门用来装运木材的船舶,是木材运输船,简称运木船。木材比重轻、体积大。所以,运木船的货舱宽大,货舱内没有梁、柱等船体构件。由于木材不怕风吹雨淋,所以既可装在货舱内,也可堆放在甲板上。为了拦挡和围护木材,在甲板舷侧部位设有木柱,以便多装木材。

专门装运牲畜的是牲畜船。为了防止牲畜在船舱内走动,船舱内设有隔板,另外还设有食槽,可供牲畜食料。

此外，散装货船中还有专门装运谷物的谷物船、装运水泥的水泥船、装运钢材的钢材运输船等专业化散装货船。

第三类是冷藏货船，用来装运鱼、肉、蛋、果品等新鲜食物。为了防止食物变质，船舱内设有冷藏设备，在货舱的甲板、舱壁上覆有绝热的材料，以避免冷气的外泄或者外界的热量传入舱内。

第四类是液体货船，其中专门装运石油的是油轮，专门装运天然气的是液化天然气船。液化天然气船上设置有专门的耐压储气罐，用于储存液化天然气。

为适应海上运输，在现代货运船舶中出现了一种多用途货船，它不仅可以装运干货，也可装运木材、矿砂、煤炭、钢材、谷物，从而，提高了海上货物运输效率。

（施鹤群）

水上列车

在祖国各地的江河湖海中，常常可看到一支长长的船队，仿佛一列水上"列车"，在水中缓缓地行驶着。

这支"水上列车"的"火车头"，是一艘不大的船舶，称作拖轮。拖轮虽然个儿不大，气力可不小，它可拖带十几艘比它大得多的船舶航行。

拖轮船身小，船上没有装载货物的船舱，船上的动力装置功率大，还备有拖带设备，利用拖带运输方式，拖带没有动力的船舶。拖轮是船舶家族中的小个子大力士，就像举重队里的轻量级运动员。它们经常在江河中、港湾里忙碌着，拖带别的船舶。

按照使用水域不同，拖轮可分为远洋拖轮、沿海拖轮、港湾拖轮和内河拖轮。不同的拖轮特点不同，远洋拖轮、沿海拖轮在海上航行，船头翘得高高的，构造坚固，以防止海上波浪冲击；港湾拖轮在港湾内使用，船身短，操纵灵活；内河拖轮在江河中航行，吃水浅。

▲ 拖轮

拖轮拖带船舶的方式，可以像火车头拖带列车车厢一样，呈一列式拖带驳船，也可以从两旁的舷侧拖带驳船。拖轮还可以拖动大船，几艘小拖轮可以同时拖带一艘万吨级大船，使大船顺利地进出港，调动船位，或进出船坞。

江河运输除了用拖轮拖带驳船、运输货物外，还有一种叫作顶推轮的轮船用于顶推驳船，进行顶推运输。

顶推船队更像一列水上列车，与拖船队不同，它的"火车头"不在船队前面，而是在船队后面。顶推船通过顶推运输法航行，它在船队后面顶推着装满货物的驳船向前行驶。

顶推运输法早在19世纪60年代就诞生了。英国发明家希比尔设计了"海上浮动车厢船"，即顶推船，它分为三部分：前面是货船，中间装蒸汽机，后面是推进装置。有人购买了希比尔的专利，于1863年建造了"连接"号"海上浮动车厢船"，但是，大西洋风浪打得它七零八落。"连接"号顶推船的海上航行以失败告终。然而，

▲"连接"号海上浮动车厢船
▼顶推运输船队

顶推运输没有退出航运舞台,它在内河航运中得到应用。

顶推运输是由顶推船从后面推动驳船前进,它与拖带运输相比,运输成本低10%~30%,航速要高15%~20%。而且,顶推运输操纵性比拖带运输好,运输效率高。从19世纪末开始,在许多国家内河运输中得到应用。从20世纪50年代起,美国又率先发展沿海顶推运输。后来,又发展远洋顶推运输。1975年,美国建造了世界上第一支远洋顶推船队,它由一艘双体船型的顶推轮及载重4万吨的油驳组成。

顶推运输和拖带运输不同,与拖轮也不同。顶推轮的船首不高,首部宽度和船体中部一样宽,用船首顶推驳船,动力装置装在船尾,操纵灵活。顶推轮顶推时,驳船队排成一排或多排,顶推轮在后面推动驳船。用顶推轮顶推驳船可减少水阻力,节约燃料,减少费用。

无论是拖带运输或者顶推运输,装载货物的是驳船。在驳船上,没有动力设备,自己不能航行。驳船是一种非机动船，要与拖轮、顶推轮结合在一起使用。

驳船设备简单，船身吃水浅，但是，装载的货物可不少，它是内河航运中主要的运输船舶。驳船种类繁多，按照装载货物的不同，驳船可分为货驳、油驳、矿砂驳、牲畜驳、冷藏驳、甲板驳、罐驳、顶推驳等多种。

货驳是用来装载成包、成扎、成袋干货的驳船，它有宽敞的货舱，货物可装在货舱内，也可堆放在甲板上；油驳用来载运油料；矿砂驳用来装运矿砂；牲畜驳用来载运猪、牛、羊等牲畜；冷藏驳用来载运鱼、肉、蔬菜、果品等食物，货舱内装有冷藏设备；甲板驳没有货舱，全部货物堆放在甲板上，用来装运煤、木材、钢材等货物；罐驳用来装运耐压油罐，贮存液化气体；顶推驳专门用于顶推运输，驳船上没有舵、锚，它与推轮配套，组成顶推船队，成为"水上列车"。

（施鹤群）

海上浮动油库

在货运船舶中专门用来运输油料的是油轮。油轮大小不等,小的一二千吨,大的几万吨、几十万吨。二战后,随着海上货运量迅速增加,各种货运船舶的吨位向着大型化方向发展,尤其是油轮。1952年世界上最大的油轮为3万吨级;1959年油轮吨位超过10万吨级;1966年超过20万吨级;1968年最大的油轮达到30万吨;1973年增至47万吨;1976年法国建造的"巴蒂吕斯"号超级油轮载重量达到55万吨。

油轮越造越大,出现了几十万吨级的超级油轮。超级油轮是海上浮动油库。为什么要建造超级油轮呢?

原来,超级油轮在技术上、经济上比中、小型油轮更具有优越性。

首先,油轮的载重量并不与其尺度成正比。在大幅度增加载重量时，油轮的主尺度增加并不多。例如，25万吨级油轮与5万吨级油轮相比，载重量增加4倍，但其长度只增加50%，宽度、吃水则分别增加70%、60%。这样，建造超级油轮可以节约钢材用量。例如，建造一艘20万吨级超级油轮需要钢材量2.7万吨，而建造4艘5万吨级油轮需要钢材量4.4万吨，比建造一艘20万吨级超级油轮还多用了1.7万吨钢材。

第二，超级油轮维持一定速度所需的主机功率相对较小。例如，一艘25万吨级超级油轮要维持16节速度航行，所需主机功率为3.5万马力，要是建造2艘10万吨级和1艘5万吨级油轮，总载重量也为25万吨，要维持16节速度航行，所需主机总功率为6.3万马力。

由于上述两个原因，超级油轮的造价和运输成本比中小型油轮相对要低。有人做了统计，建造25万吨级超级油轮与建造5万吨级中型油轮相比，每载重吨造价可降低35%，单位运价可降低43%。而且，超级油轮吨位越大，每载重吨造价和单位运价降低越多。正因如此，油轮向着大型化方向发展，吨位越来越大，出现了超级油轮。

那么，超级油轮是否会越造越大，没有了限制呢？

▼ 大宇造船集团建造的50万吨级油轮

▲ 大连造船厂为挪威建造的 11.8 万吨穿梭油轮

答案是否定的。由于海上航道、水深是有限制的，特别是海峡深度，限制了超级油轮的发展。例如，英吉利海峡对油轮吃水的限制是 22 米，马六甲海峡水深限制为 23 米。所以，世界上最大油轮虽然超过了 50 万吨，但是，大多数超级油轮的吨位为 20～30 万吨级。

超级油轮的形状、构造特殊。为了使油轮在主尺度不变的情况下增加载重量，超级油轮多半采用较为丰满的线型，船体肥胖。为了降低运输成本，所有超级油轮均采用球鼻首，即在船体首部有一个"球形鼻子"，以降低水阻力。

超级油轮结构独特，船上有纵横隔壁将油轮隔成十多个密封舱室，互不相通，可防止油料流动，冲击船体。为防止油料外泄污染海洋，在超级油轮上设有专门的压载水舱，装载压载水，但不用油舱来装载压载水。在超级油轮的甲板上没有吊杆、吊车、起重机等吊货用的设备，油料的装卸靠油泵通过专门管道进行。

石油产品容易挥发和燃烧。为了给油料挥发成气体留有空间，油轮的货舱口做得又小又高。同时，为了减少太阳辐射，降低油舱的温度，超级油轮外壳漆成浅色，在油舱内设置有完善、高效的消防设备，以防火灾的发生。

随着电子技术及自动化技术的迅速发展，超级油轮的自动化程度越来越高。不少超级油轮实现了机舱主、辅机的自动控制和遥控，货舱的油料储存系统也实现了自动控制和遥控。所以，超级油轮吨位虽大，船员却不多，一艘二三十万吨的超级油轮也只有二三十名船员。

由于超级油轮在海上航行常受到海上风浪和气象条件影响，有人提出建造潜水油轮的设想。潜水油轮在深海中航行，没有波浪，不产生波浪阻力，由于水下航行水阻力小，主机所需功率要比水面航行小，要是主机功率相同，潜水油轮的速度要比水面航行的超级油轮高。而且，潜水油轮在水下航行不受风浪等气象条件影响，可以做全天候的航行，以确保石油的供应。

（施鹤群）

集装箱

〜〜〜〜〜〜〜〜〜〜〜〜

一个现代化的港口,码头上停靠着一艘艘装满货箱的船舶。一只只装货的箱子由码头上的起重机从船上吊往码头,再从码头装上车辆,运往各地。码头上堆放的货箱,又一只只被吊上货船,运往各个国家、地区的港口。

这便是集装箱运输中最平常的一幕。集装箱运输是一种新颖的货物运输方法,被广泛地应用于公路、铁路和水上运输。专门进行集装箱运输的船舶便是集装箱船。

集装箱船诞生于20世纪50年代末,它是将货物装入专用的装货集装箱进行货物运输。集装箱用钢材制成,也有使用铝材、木材、玻璃钢制造的。它的每个角上都有箱角接头,用来与运输工具的构件连接,既适用于船舶,也适用于汽车、火车等多种运输工具。

▲ 上海船厂建造的多用途集装箱船

集装箱有多种类型。按尺寸、大小来分，有大、中、小三型；按构造特点来分，有保温式、冷冻式、通风式、防水式。此外，还有一种折叠式集装箱，折叠后可减少体积。

集装箱船是为了装载集装箱而设计、建造的专用船舶。船上设置有专门放置集装箱的船舱，甲板上也可堆放集装箱。为了便于集装箱的装卸，船舱舱口开得又宽又长。装载集装箱的舱室设置在机舱前面。由于集装箱的种类不同，集装箱船舱内设备也各异，如放置冷冻集装箱的舱室，安装有冷冻设备；放置保温集装箱的舱室，安置有加热设备；堆放装有化学危险品集装箱的舱室，安装有防爆、防泄漏等安全设备。

▲ 大连船厂建造的1.23万吨集装箱船

为了保证船舶航行安全，不同重量的集装箱放置在不同位置。最重的集装箱放在下层，次重的放在中间，较轻的放在上层。通常，集装箱货舱里可堆放6～7层集装箱。甲板上也可堆放多层集装箱。为此，集装箱船上的甲板用高强度钢板制造，甲板上还装有集装箱固定装置。

集装箱船的机舱通常设置在船尾，居住舱、驾驶舱设置在机舱上面。这样，机舱前的甲板上可堆放更多的集装箱。为了保证空载航行的安全，集装箱船的两舷和底部设置有压载水舱。在装卸集装箱时，通过装卸压载水来保持平衡。为了减少波浪影响，一些集装箱船采用球鼻形船首。在一些集装箱船上还设置有防摇水舱，在船舷外侧装有防摇鳍，以减少风浪引起的摇摆。

集装箱船的速度快，每小时可达20海里。一些大型远洋集装箱船速度更快,每小时超过30海里。

利用集装箱船进行货物运输有许多优点。首先,可以节约装卸劳动力,减少运输费用。一般货船采用单件或小型组合件形式装运,费力又费时。集装箱船采用国际统一规格的集装箱运输货物,打破了一捆、一包单件装卸的传统形式,大大减轻装卸工人的劳动强度,加快了装卸速度,减少了人工装卸费用。

第二,利用集装箱船运输,可以减少货物的损耗和损失,保证运输质量。这是因为货物在生产工厂里就被装进一只只集装箱,中途经公路、铁路、水上运输,均不开箱,可直接运到用户手中。这样可减少货物在运输途中的损耗和遗失,还可节约包装费用。

第三,集装箱船装卸效率高。一艘集装箱船的货物装卸速度大约是相同吨位的普通货船的3倍左右,而大型高速集装箱船的装卸速度差不多是同吨位普通货船的4~5倍。这样可减少船舶停靠码头时间,加快船舶周转,提高船舶、车辆及其他交通工具的利用率。

▼集装箱码头

由于用集装箱船进行集装箱运输具有上述优点,所以,集装箱船和集装箱运输得到迅速发展。

同时，集装箱船的出现，对港口、码头又提出了新的要求。于是，出现了传送带、货架搬运车、铲车及各种形式的装卸机，还出现专门停靠集装箱船的码头。集装箱船码头又长又宽，可停靠各种类型的集装箱船，码头上还有相当宽大的堆放集装箱的场地。

现代集装箱船正向着大型化、高速化、多用途方向发展。我国集装箱船研制虽然起步较晚，发展速度却很快。我国建造了许多集装箱船，大力发展集装箱运输，单上海港就开辟了29条国际集装箱班轮航线，集装箱月吞吐量超过一百万标准箱。上海港已经是世界上集装箱吞吐量第三的港口。2003年我国的港口集装箱吞吐量达4 800万标准箱，居世界第一。我国生产的集装箱装卸机械也已经达到国际先进水平，在世界各大港口被广泛采用。近几年来，我国还出口集装箱船，在世界各地海洋上都可以见到我国建造的集装箱船的身影。

（施鹤群）

两个身体一艘船

《三国志》中有一个火烧赤壁的故事。故事中,曹军的战船并列在一起,在长江中破浪行驶。曹军这么做是为了使战船稳定,因为曹军中大多数人不会游泳。尽管最后曹军因为遇到吴军火攻,战船被烧毁,但不能否定多船体相连的稳定性。到了晋代出现了一种双体游舫,这是我国最早出现的双体船,它有两个船体,稳定性好,适合于江河中游览使用。

国外使用双体船的年代也很早。两千多年前,居住在太平洋岛屿地区的人们将两条独木舟连接在一起,成了最早的双体船,用于捕鱼。蒸汽机发明后,俄、英、美三国曾先后建造过以蒸汽机为动力、由明轮推进器推进的双体船。由于明轮双体船在水中的阻力大、速度低,又经不起风浪冲击,因而没有得到推广应用。

20世纪60年代，双体船东山再起，在交通运输部门广为应用。

双体船是由两个相同尺度的船体，在相对一侧的水线以上部位，用连接桥连在一起。双体船有两个船头、两个船身和两个船尾，在每个船体的里面，都装有一套动力装置，分别带动船尾螺旋桨，推进船舶。

双体船按照船体形状又分为对称形双体船和非对称形双体船。对称形双体船的两个船体线型对称，每个船体线型瘦长，首部尖削，水阻力小；非对称形双体船的两个船体线型不对称，每个船体均为圆背形翼体，内、外侧的流体压力不均匀，虽然不能减少水阻力，但是船的稳定性好。

现代船舶为什么要采用双体船船型呢？

首先，双体船在水中的阻力小，可以减小主机功率，节约燃料。这是因为双体船的每个船体线型瘦长，船体兴起的波浪小，水的阻力就小；双体船甲板面积宽，上层建筑低，受风面积小，空气阻力也就小；双体船采用双螺旋桨推进，两个螺旋桨相距远，相互干扰小，推进效率高。因此，同

▼"瑞昌"号沿海双体客船

样大小的船舶，在同样航速下，双体船所需要的主机功率小。

第二，双体船稳定性好，在风浪中航行安全、舒适。这是由于双体船有两个船体，相互间的间距大，船的稳定性就好，不会有船舶倾覆的危险。

第三，双体船操纵灵活，回转性能好。这是因为双体船有两个船体，有两套动力推进装置，要回转时，一个螺旋桨正转，另一个螺旋桨倒转，形成较大的旋转力矩。所以，双体船停靠码头方便，并可以在狭窄的水道和有浅滩的水域内安全地航行。

▲"HSV-X1"号高速双体船

此外，双体船甲板面积较大，在甲板上可以布置工作和居住的舱室，还可以作为活动、操作的场所。

当然，双体船也是存在一些问题的。由于双体船中间连接桥结构薄弱，在狂风巨浪冲击下，比较容易损坏，甚至断裂。同时，甲板面积虽然较宽，但不能布置重物；双体船稳定性虽然较好，但摇摆的周期较短，在风浪中摇晃频繁，容易使旅客感到疲劳。另外，双体船装有两套动力推进装置，增加了维护、保养的工作量。所以，双体船的使用具有一定局限性。

由于双体船具有上述优缺点，它适合于作为客轮、游轮、渡船和工程船。

双体船作为江河客轮、近海客轮，可以在江河、近海短程的航线上，担负客运任务。双体客轮载客多、舒适性好。1984年，安徽江州船厂建造了我国第一艘沿海双体客轮"瑞昌"号，该客轮长98米，宽26米，排水量4 300吨，有7层舱室，载客1 500人。双体船也适合于作为游轮、渡船。在上海黄浦江里的双体游轮，装饰豪华，有宽敞的甲板，可让游客饱览黄浦江两岸景色。

双体船也可用于军事。2003年5月，由澳大利亚研制的2艘高速双体船被租借给美国陆军，用于军事运输和作战演习。其中，"HSV-X1"号高速双体船最大航速达到50节，载重850吨，可运送350名全副武装的士兵，并能同时装载12辆后勤补给车，能将特种部队迅速运往作战地区。

（施鹤群）

胜似闲庭信步

坐过海船的旅客都会有这样的经历，在风平浪静的时候，站在甲板上，双手把着栏杆，眺望着无边无际的大海，令人心旷神怡。如果还伴着轻柔的波涛，更富有浪漫的情调。但是，海上航行时如遇到大风大浪，船舶在风浪中会产生摇摆。晕船的旅客在船舶摇摆时会浑身不舒坦，头晕、呕吐、坐立不安。船舶摇摆不仅让旅客不舒坦，还会增加水中的阻力，降低了船舶的速度，而且还会影响船上仪器和设备的正常工作。严重时，摇摆会损坏船体结构，影响航行安全，甚至发生船舶触礁倾覆的危险。

船舶为什么会摇摆呢？

先得从船舶的稳（定）性谈起。船舶稳性是个技术用语，是指船舶受到外力作用时，会产生倾斜，当外力消除后,又能使船舶恢复到原来的位置。为了使船舶具有良好的稳性,可以加大船体宽度,降低船舶重心。但是,如果船舶稳性过大,在风浪等外力作用下,船体会产生剧烈摇摆。

船体的摇摆有三种形态:一是船体首尾摇晃,称为纵摇,它以船体中部为横轴,首尾颠簸;二是船体左右摇摆,称为横摇,横摇角度大;三是船体在垂直方向上下摆动,做升降运动。对于一艘海船来说,三种形态的摇摆同时存在,只是有一种形态起着主要作用。船舶在海上的航行是在做一种不规则复杂运动。

为了防止和减小船舶摇摆,造船工程师做了不懈努力,创造了许多防止和减少船舶摇摆的装置和方法。由于在船体的摇摆中,影响最大的是横摇,所以减摇的装置和方法主要是针对横摇的,目的是防止和减少横摇的发生。

▼ 被动式防摇水舱原理

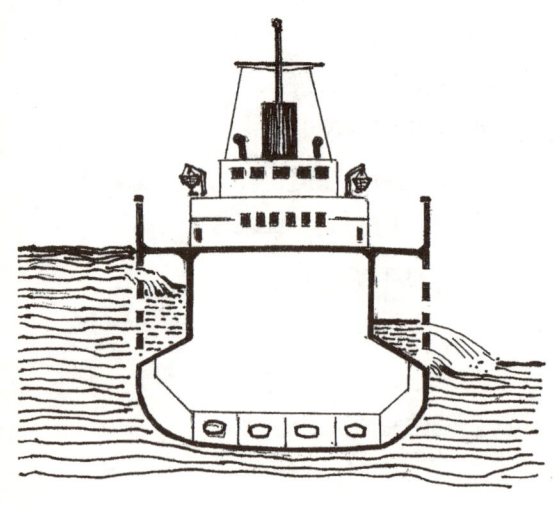

船舶减摇的装置和方法很多,大致可分为主动式防摇装置和被动式防摇装置两大类。主动式防摇装置靠自动控制系统操纵,需要消耗主机功率;被动式防摇装置靠消耗船舶摇摆产生的能量工作。

最原始、最简单的防摇装置是在船体舷侧部位安装舭龙骨，利用船体航行时舭龙骨产生的水中的阻力来消除船体横摇，它属于被动式防摇装置一类，适用于慢速航行的船舶，它可以减少横摇幅度的 20%～25%。

防摇水舱是设置在大型船舶上的防摇装置，它是通过调节处于左右两舷水舱中的水，产生一个与船舶横摇相反的减摇力矩，以达到减摇的目的。

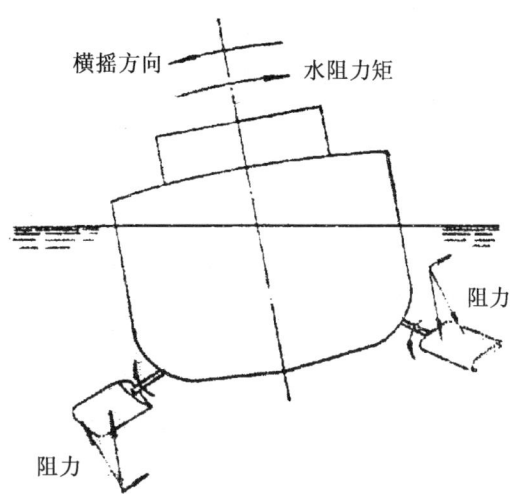

▲ 防摇鳍原理

防摇水舱也分为被动式和主动式两类。最先出现的是被动式防摇水舱，设置于船舶左右两舷侧部位，船横摇时，通过空气阀来调节水流，使海水由一舱流入另一舱，起到减摇作用。主动式防摇水舱是通过自动控制装置，调节水流方向与流量，来减少横摇。

在现代船舶上还广泛使用防摇鳍，它是从船体舷侧部位向外伸出的机翼形鳍，左右对称，防摇鳍与水面倾角左右相反。这样，船舶横摇时，会产生与船体横摇相反的水阻力矩，使船舶稳定。防摇鳍可分为伸缩式和折叠式两种，其操纵方式有机械操纵、电力操纵、液压操纵。防摇鳍适用于高速船舶，防摇的作用是很明显的。

有的海船上还装有飞轮、陀螺一类的防摇设备，它们属于主动式防摇装置。高速旋转的飞轮和陀螺，对消除船舶摇摆有很好作用，因为飞轮、陀螺的旋转轴在空间改变方向时,具有反抗改变方向的能力,而且,这种防摇的装置在船体外面没有突出部,不会增加水中的阻力。该种防摇装置的缺点是重量、尺寸大,构造复杂。

尽管船舶设计师想方设法防止和减少摇摆,但是,摇摆还是在困扰着海上航行的船舶。为此,有人设计了一种不会摇摆的海船。它由船身、框架、船舱等部分组成。船身首尾部各有一个支承,上面置放着框架的纵轴;而框架上也有两个支承,上面再置放着船舱的横轴。当船舶受风浪作用产生摇摆时,框架随船身摇晃,而船舱在重力作用下保持不动。要是这种不会摇摆的海船能建成,船舶真的能"不管风吹浪打,胜似闲庭信步",那么乘坐这种海船的旅客,就再也不会受晕船之苦。这是人们梦寐以求的理想。

(施鹤群)

滚上滚下的货船

滚装船又称"开上开下"船，或称"滚上滚下"船，它是利用运货车辆来载运货物的专用船舶。自从集装箱船诞生后，人们在使用集装箱船过程中，发现装卸集装箱并不方便，需要动用许多吊运货物的装置和起重的设备。人们设想将集装箱的装卸方式改为用运货车辆直接上下集装箱船，这样可以省去许多装卸、起重设备，简化装卸程序，还可以使集装箱船能在一般码头停靠，不需要对港口码头进行大规模改造。这样就出现了集装箱滚装船，现代货运船舶中的滚装船就是指这种集装箱滚装船。

在滚装船上没有货舱口，也没有吊杆和起重设备，它的船尾高高地竖立一块大跳板，船靠码头后，放下跳板，装有集装箱的运货车辆开上开下，进行集装箱装卸作业。滚装船上的运货车辆不仅可从船的尾部进出,还可直接驾驶到船舱的各层甲板进行集装箱装卸。

滚装船和其他运输船舶相比,无论是船的外形、内部结构还是舱室布置及装置设备都别具一格。

从船的外形来看,滚装船船型高大,有几层甲板,便于载运集装箱的车辆上下船。由于滚装船的货舱容积利用率比一般货船低,要装运一定重量的货物,就得增加船的长度、宽度、高度,所以,滚装船要比同吨位的一般货船高大。

从船的构造和舱室布置来看,滚装船很特别,它的首部装有突出的"球鼻",中部线型平直,尾部采用方形的船尾。它的机舱设置在船尾部,居住舱设置在船首部,船体中部是一个大货舱。为了多装货物,居住舱下面的甲板也用来装载集装箱。

有的滚装船上的货舱像陆上的仓库。在货舱内有多层甲板,运货车辆由斜坡道进入货舱,或由大型升降机来堆放集装箱。为了充分利用货舱容积,在滚装船货舱中设置有活动平台。平时,活动平台可翻起,紧贴着船舷两侧,或者升起置放于上层甲板

▼ 广船国际建造的滚装船

下；需要时，才将活动平台放下，可把货舱分隔成2~3层。

滚装船上最独特的设备是跳板。跳板是架设于船舱与码头之间的桥梁，大都设置在船尾，也有设置在船首和船舷侧的。跳板的形式有三种：直跳板，沿着船的长度方向设置，其宽度接近于船的宽度，车辆可以上下交替行驶；斜跳板，它与船体中心线成一定夹角，由几节跳板组成；旋转跳板，可向船的两侧旋转一定角度，可在船舶任何一侧使用。

▲ 滚装船上的拖车

在滚装船上用来装卸集装箱的设备有装卸车和升降机。装卸车分拖车和叉车两种。拖车用来载运集装箱，只有底盘和车架，底盘尺度和集装箱一致。拖车可与集装箱一起固定在货舱的规定位置，呈纵向排列，便于进出。叉车既可用于集装箱的装卸，也可用于集装箱的载运。升降机专门用于升降集装箱或升降装有集装箱的车辆，它的尺度与集装箱及拖车、叉车一致。

为了避免船舶摇摆时集装箱或装有集装箱的拖车发生移动和碰撞，在滚装船的货舱甲板上设置有定位器，用于固定集装箱或拖车。固定集装箱的定位器有插销式、旋锁式。固定拖车的定位器有固定导板、三角支架、框形托架以及制动链。为了减少船舶摇摆，滚装船上装有防摇水舱以及其他防摇的设备。为了改善操纵性，滚装船上装有侧向推进器，它是一种可以向任何方向旋转的水螺旋桨，可装在船尾，也可装在船首或者船舷两侧，使滚装船操纵灵活，甚至原地转弯。

滚装船与集装箱船一样，装卸效率高，能节省大量装卸劳动力，减少船舶停靠时间，提高船舶利用率。滚装船还有比集装箱船更胜一筹的地方，便是码头上不需要起重设备，也不需要大规模改造、扩建码头，增添装卸设备。同时，滚装船具有更大适应性，它除了能装载集装箱外，还能运载特种货物，有专门装运钢管、钢板的钢铁滚装船，专门装运铁路车辆的机车车辆滚装船，专门装运钻探设备、农业机械的专用滚装船，还可以混装多种物资及用于军事运输。由此可见，滚装船具有广阔的应用前景。

（施鹤群）